大国创新

陈劲　吴欣桐◎著

中国人民大学出版社
·北京·

图书在版编目（CIP）数据

大国创新 / 陈劲，吴欣桐著. -- 北京：中国人民

大学出版社，2021.7

ISBN 978-7-300-29410-0

Ⅰ. ①大… Ⅱ. ①陈… ②吴… Ⅲ. ①国家创新系统

-研究-中国 Ⅳ. ①F204

中国版本图书馆 CIP 数据核字（2021）第 097161 号

大国创新

陈劲　吴欣桐　著

Daguo Chuangxin

出版发行	中国人民大学出版社	
社　　址	北京中关村大街31号	**邮政编码**　100080
电　　话	010-62511242（总编室）	010-62511770（质管部）
	010-82501766（邮购部）	010-62514148（门市部）
	010-62515195（发行公司）	010-62515275（盗版举报）
网　　址	http://www.crup.com.cn	
经　　销	新华书店	
印　　刷	北京联兴盛业印刷股份有限公司	
开　　本	720 mm × 1000 mm　1/16	**版　　次**　2021年7月第1版
印　　张	18.5 插页2	**印　　次**　2023年8月第2次印刷
字　　数	203 000	**定　　价**　69.00元

作为中国的创新管理学者，我对中国建设世界科技创新强国、创新驱动发展等问题极为关注，这促使我对全球竞争下的中国创新、中国创新崛起的溯源以及中国创新未来之路进行深入思考，这些思考最终凝结成本书。要对中国的创新这一重大议题给出一个系统全面、令人信服的答案并非易事。按照中国科技创新的历程回顾、现实观照和未来展望的思路去进行探究，能够明确历史与现实之间的联系，并且从可信的历史和实际的现状中引申出未来创新发展的启示。

我在1989年研究生学习阶段就开始从事技术创新和科技管理研究，至今已30多年。我师从中国工程院院士许庆瑞教授，在许教授精心指导之下，坚持技术创新政策与管理领域的研究，也亲身经历了中国创新驱动发展的历史变迁和时代进步。多年来，我对自主创新、全面创新、开放式创新、协同创新、整合式创新等创新理论进行了深入研究，并积极完成了我国著名创新型企业如海尔、华为、中国中车、中石油、中国航天科技集团、中国电子科技集团等的管理咨询工作。这引发我思考如下问题：中国是如何大幅度提升自主创新能力，实现从模仿到创新的转变，从而成为一个创新型国家的？作为当今世界重要经济体之一，中国应该如何超越传统的后发模仿道路，进一步提升在全球价值链中的位置？面对当前变化不定的国际关系和频繁发生的黑天鹅事件，中国未来的创新之路又将如何巩固和提升国家创新实力、引领中国经济和社会可持续发展？

创新，是政策制定者、企业管理者和学术研究者共同关注的问题，也是决定一个国家核心竞争能力的关键所在。自 1978 年起，中国的改革开放已走过 40 多年的历程，经济发展逐渐从体制改革、投资、出口驱动转变为创新驱动，创新成为国家发展战略的重中之重。近年来，我对中国建设科技创新强国的理论和实践进行了系统性梳理，取得了可喜的进展。

（1）提出"整合式创新"理论，完成新时代中国创新范式的探索

整合式创新，是通过战略引导下的开放式、协同和全面创新，有效配置和利用创新活动所需资源，以实现创新成果的产出。它是在自主创新、开放式创新、协同创新和全面创新的基础上，将"战略引领"置于统领位置，强调升维思考和全局观而形成的创新范式。整合式创新是一种总体创新、大创新的创新思维范式，其精髓在于整体观、系统观和着眼于重大创新，突破传统创新理念中源于原子论的思维方式，建立三角思维方式，突破并超越二元逻辑，通过战略引领和战略设计，将创新各要素有机整合，为企业和国家实现重大领域、重大技术的突破和创新提供理论支撑。希望整合式创新的提出，能够为企业、产业、国家的创新发展提供新的启示。

（2）探索具有中国特色的创新理论与方法体系，对"国家创新系统""科技创新强国"等作出系统性贡献

在全面创新理论、开放式创新理论的基础之上，结合对我国产学研合作创新的实践调研，总结提炼协同创新的管理模式和运行机制，所完成的《协同创新》一书是国内首部该研究领域的专著。近几年，完成《企业创新生态系统论》《科技创新：中国未来30年强国之路》等著作，创建了新一代创新管理知识体系，显著提升了技术创新学科建设与人才培养水平，促进技术创新研究"中国学派"的形成与发展。完成《自主创新与国家强盛——建设中国特色的创新型国家中的若干问题与对策研究》、《国家技术发展系统初探》、国家创新蓝皮书系列《中国创新发展报告》等著述，站在国家战略高度梳理中国创新现状，展开了国家与区域层面的系列研究。

（3）开展科技发展道路和科技创新强国建设的一系列研究

我在1994年完成的博士论文中，系统地比较了美国、德国、日本等国科技发展道路和国家创新体系问题。1994年在《自然辩证法通讯》较早发表了国家创新体系的论文，在1999年出版的专著《国家技术发展系统初探》中，采用全新的角度，开展了各国科技发展战略与国家创新系统的相关性研究，针对中国的国情与发展阶段，设计了一类新的国家创新系统——国家技术发展系统，并概括了以技术为基础的国家技术发展系统和以科学为基础的国家技术发展系统，以及两个系统的动态演化，具有较大的学术影响。2008年和柳卸林教授联合主编的《自主创新与国家强盛——建设中国特色的创新型国家中的若干问题与对策研究》，是国家自然科学基金应急项目系列丛书之一，围绕中国的自主创新战略在国家、区域、企业、民

间等四个层面的发展进行了深入研究。2010 年编著的《创新型国家建设——理论读本与实践发展》，站在国家战略高度梳理建设创新型国家的战略构想和政策指南。2014—2020 年，连续多年编撰完成的国家创新蓝皮书系列《中国创新发展报告》，从国际、区域、产业、企业等层面对中国的创新发展情况进行了深入分析，受到了各界的广泛关注。

我在从事技术创新和科技管理研究的 30 多年间，关注点从企业的技术创新管理、战略管理，逐渐延伸到产业和国家科技创新的战略研究、科技创新范式的探索、国家科技政策制定等一系列问题。从自主创新、建设创新型国家、创新驱动发展到科技强国建设，国家创新战略的跃升对科技创新管理提出了新的要求。结合习近平总书记对科技创新的重要论述，"创新"必然是未来相当长一段时间内持续支持中国发展的关键动力。而我也将继续坚持开展创新理论与方法的研究，深入思考中国创新的现在和未来，为建设创新型国家、实现中华民族的创新发展作出应有的贡献。

陈 劲

第三篇　未来之路：中国特色创新范式的建构

全球竞争下的中国创新：
不断增长的创新实力

创新是引领发展的第一动力。党的十八大以来，我国坚持实施创新驱动发展战略，把科技创新摆在国家发展全局的重要位置。《国家创新驱动发展战略纲要》提出到2020年进入创新型国家行列、到2030年跻身创新型国家前列、到2050年建成世界科技创新强国的"三步走"战略目标。2018年5月，在中国科学院第十九次院士大会、中国工程院第十四次院士大会上，习近平指出，中国要强盛、要复兴，就一定要大力发展科学技术，努力成为世界主要科学中心和创新高地。创新已经成为全社会的共识，十九大报告更是把"加快建设创新型国家"纳入"建设现代化经济体系"的组成部分，并强调创新"是建设现代化经济体系的战略支撑"。

在全球化发展的背景之下，中国不断进行理论和实践的探索，在科技创新上取得了惊人成就，并逐渐迈向全面发展的道路。除了科技和经济实力的提升，科技创新活动还关注社会变革、强调可持续发展，促进中国创新实力的不断增长。本篇将历数世界科学中心的变化与更迭，以全球视野审视时代发展和推动科技创新发展的历史机遇，与此同时，回溯中国科技创新工作中的突出成就，以及创新驱动发展过程中在经济高质量发展、中国乡村振兴和绿色发展过程中所取得的重要成果。回顾历史发展的步伐和足迹，全球竞争之下的中国创新实力在不断提升，逐渐成为全球科技创新力量中的重要组成部分。本篇结构如下：

第一章
世界科学中心更迭
与时代发展

历史大潮浩浩荡荡，人类文明的发展至今已经历了两次科学革命、三次技术革命及由此引发的三次工业革命的深刻洗礼，同时也演绎着科学技术发展的历史，科技创新和革命总是能够深刻改变世界发展格局。全球科技创新的发展与演进在这一历史时期显得格外珍贵，文明的更迭与世界科学中心的转移不仅诠释着当前世界格局的历史背景，更为中国科技创新发展提供了历史镜鉴。

1.1 世界科学中心的变化与更迭

科技创新的发展历史逐渐呈现出以下特点：科学研究范围在

不断扩大；科学理论、科学技术与生产结合日益紧密；近现代科学技术的发展与经济发展、思想解放相互促进；科学革命引发社会革命，人类先后进入"蒸汽时代""电气时代""信息时代"。在技术飞速发展的同时，世界科技强国的格局也在不断发展和演进。日本科学史学家汤浅光朝和中国科学计量学家赵红州描述了16世纪到20世纪50年代之间的世界科学中心五次转移的"汤浅现象"：意大利（1540—1610年）、英国（1660—1730年）、法国（1770—1830年）、德国（1810—1920年）、美国（1920年之后），各国维持其科学技术鼎盛时期80年左右。在科学发展的过程中，文化震荡、社会变革、经济发展、新学科崛起、科学家迁移等要素都是导致世界科学中心转移的因素，而当一个国家在一段时间内的科学成果数量超过全世界科学成果总数的25%，则完成了该国的科学中心建设（赵红州，1992）。

伴随着"日心说""血液循环理论"等一系列开创性重大成果的出现，人类逐渐开启了对自然界的客观认知。天文学、物理学、化学等学科开始兴起，崇尚理性和科学的人文主义思潮的意大利成为世界第一个科学中心（赵红州，1984）。随着经典力学体系的构建、微积分的发现、"化学革命"的推进，英国、法国、德国相继成为世界科学中心（刘则渊，2017；林学俊，1998）。16—17世纪，学术交流开始盛行，催生出一大批科学社团、学会，学者开始小规模地培养学生，科研活动开始呈现出组织化和职业化的趋势。16—17世纪的科学革命标志着人类知识增长的重大转折。17世纪，牛顿经典力学诞生，近代科学形成。18世纪出现了蒸汽机等重大发明，人类进入"蒸汽时代"并成就了第一次工业革命，开启了人类社会现代化历程；同一时期，生物进化论诞生。此时，随着机械化进程的不断加快，英国成为世界上第一个工业强国，其技术影响扩散至法国、德国等欧洲国家，并开始影响北美。

随着电磁学、热力学、化学等研究的推进，电力技术成为当时社会的主导技术。19世纪下半叶至20世纪初，科学技术突飞猛进，催生了由机械化转向电气化的第二次工业革命，人类进入"电气时代"。德国、美国率先发起了以电力技术和内燃机技术为主导的工业革命，它们快速成为当时的工业强国。日本通过"明治维新"完成资本主义改革，紧跟欧美的第二次工业革命的步伐。此时，德国、美国、英国、法国、日本先后建立并发展形成了先进的科技创新体系。

在相对论和量子论被发现后，继而发生了信息科学、生命科学变革，基于新科学知识的重大技术突破层出不穷，引发了以航空、电子技术、核能、航天、计算机、互联网等为里程碑的技术革命，极大提高了人类认识自然、利用自然的能力和社会生产力水平。全球竞争格局经历了"冷战"的对峙、"全球化"的合作、发展中国家快速崛起的历史进程之后，形成了美国整体领先、多个国家实力强大的世界科技强国新格局。

重大科学发现、重大技术突破层出不穷，加之国家层面科技创新政策和战略的颁布，推动了新兴产业的兴起和发展，英国、法国、德国、美国、日本等发展成为科技强国。目前，美国的科技创新实力依然处于全面领先地位，德国、日本、英国、法国处于第二方阵并在一些重点领域保持国际领先水平。随着我国在科技创新方面的迅速崛起，这一格局正在发生新变化：在2019年世界知识产权组织

（World Intellectual Property Organization，WIPO）发布的 2019 年全球创新指数（Global Innovation Index，GII）^①中，中国连续第四年保持上升势头，排在第 14 位，超过日本、法国等，较上一年上升 3 个位次，是中等收入经济体中唯一进入前 30 名的。

新中国的科技创新伴随新中国的成长走过了艰辛的 70 多年、不凡的 70 多年。在中国科技事业发展的这 70 多年中，有五个重要的里程碑（徐冠华，2019）：① 1956 年，中共中央召开全国知识分子问题会议，周恩来代表党中央作大会的主题报告，报告中用相当大的篇幅阐述了"向现代科学进军"的问题，这是新中国成立之后第一次把知识分子问题、发展科学技术问题作为需要关注的重大工作郑重地提出来。② 1978 年，邓小平在全国科学大会上指出"科学技术是生产力""知识分子是工人阶级的一部分"，这是在中国历史上第一次提出把科学技术作为发展经济的驱动力之一。③ 1995 年，中共中央、国务院颁布《关于加速科学技术进步的决定》，首次提出科教兴国战略。同年，江泽民在全国科学技术大会上阐释了科教兴国战略的内涵，明确将科技发展摆在经济社会发展的重要位置。④ 2006 年，胡锦涛在全国科学技术大会上的讲话中提出"坚持走中国特色自主创新道路，为建设创新型国家而努力奋斗"，自主创新成为科技事业的重要旗帜。⑤ 2012 年，党的十八大报告强调指出，科技创新"必须摆在国家发展全局的核心位置"，"要坚持走中国特色自主创新道路"，"实施创新驱动发展战略"。正是有了这些科技战略的深入实施，才有了科技创新成果的不断涌现。

---

① 参见世界知识产权组织全球创新指数官方网站：https://www.wipo.int/global_innovation_index/en/2019/。

以习近平同志为核心的新一届中央领导集体将科技创新放在了国家战略的高位。2012 年，党的十八大明确提出科技创新是提高社会生产力和综合国力的战略支撑，必须摆在国家发展全局的核心位置，强调要坚持走中国特色自主创新道路、实施创新驱动发展战略。这是放眼世界、立足全局、面向未来作出的重大决策。2015 年 3 月，中共中央、国务院出台《关于深化体制机制改革加快实施创新驱动发展战略的若干意见》，指导深化体制机制改革加快实施创新驱动发展战略。在 2016 年 5 月召开的全国科技创新大会、两院院士大会、中国科协第九次全国代表大会上，习近平发表了重要讲话，吹响建设世界科技强国的号角。他指出，我国科技事业发展的目标是，到 2020 年时使我国进入创新型国家行列，到 2030 年时使我国进入创新型国家前列，到新中国成立 100 年时使我国成为世界科技强国。习近平强调，建设世界科技强国需"强化战略导向，破解创新发展科技难题"，"科技创新的战略导向十分紧要，必须抓准，以此带动科技难题的突破"。2017 年 10 月，习近平在中国共产党第十九次全国代表大会上作报告，进一步指出，"要瞄准世界科技前沿，强化基础研究，实现前瞻性基础研究、引领性原创成果重大突破。加强应用基础研究，拓展实施国家重大科技项目，突出关键共性技术、前沿引领技术、现代工程技术、颠覆性技术创新，为建设科技强国、质量强国、航天强国、网络强国、交通强国、数字中国、智慧社会提供有力支撑"。2018 年 5 月，习近平在中国科学院第十九次院士大会、中国工程院第十四次院士大会上指出，"要坚持科技创新和制度创新'双轮驱动'，以问题为导向，以需求为牵引，在实践载体、制度安排、政策保障、环境营造上下功夫，在创新主体、创新基础、创新资源、创新环境等方面持续用力,强化国家战略科技力量,提升国家创新体系整体效能","把握大势,抢占先机,直面问题、迎难而上,瞄准世界科技前沿,引领科技发展方向",建设世界科技强国。技术创新成果在载人航天、深海工程、高速铁路、高速计算、西电东输、南水北调等国家重大工程中发挥着重要作用,在互联网的商业应用方面,中国的创新层出不穷。新中国成立以来,我国历经自主创新和开放式自主创新的创新范式演进历程,正在向全面自主创新的新阶段迈进(陈劲,2019c)。

目前,我国研发投入的绝对值逐年增加并推动创新能力较以往有了明显提升,科技发展水平与发达国家的差距逐步缩小,已经居于发展中国家前列,在世界科技发展格局中占据重要地位。然而,通过国际比较分析来看,在科技创新的竞争优势方面我国依然面临严峻形势。我国基础研究能力与世界科技强国差距仍然较大,2020—2035 年是我国科技创新强国建设的关键时期,有诸多问题需要解决:科技创新强国的细化战略部署与制度设计不足,没有完全解决科技创新大国向科技创新强国跃升的问题;航空发动机、高端数控机床等战略高技术领域核心技术和装备严重依赖进口;重点领域核心技术受制于人的局面仍未得到改善,核心芯片、基础软件等国产化比例很低。总体而言,中国的多数产业还处于国际分工中低端,经济发展仍过度依靠资源能源消耗和规模扩张,这就迫切需要依靠创新实现转型升级,同时必须尽快强力打破对科技先进国家的技术依赖,从宏观体制机制入手,设计产业核心技术突破路径,不断开发创新引领的未来技术。

1.2 全球视野下的中国科技创新 ①

当今世界，人类越来越成为你中有我、我中有你的命运共同体，特别是科学技术领域，表现出很强的世界性、时代性。发展科学技术必须具有全球视野，许多重大科技问题和挑战需要全世界共同应对，众多复杂科研项目需要国际社会通力合作。国际合作已经成为科技创新的重要推动力，各国需要在全球视野中谋划科技创新，以国际化理念制定科技政策和计划，并聚集全球创新资源，吸引全球优秀科技人才。这样才能更好提升科技创新能力，在国际竞争中发展壮大。

近代以来的多次科技革命，引发大国兴衰和世界格局巨大调整。一些国家抓住科技革命的难得机遇，实现了经济实力、科技实力、国防实力迅速增强，综合国力快速提升，催生了以英国、法国、德国、美国、日本等为代表的科技强国。当前，世界诸多科技创新强国的创新发展战略都为中国科技创新提供了参考和借鉴。在技术创新的强力推动下，以美国、日本和一些欧洲国家为主导的全球科技创新格局正在发生深刻调整，科技实力和国家实力也在相应地改变。无论是世界科技创新强国，还是后发的新兴经济体，都把科技创新提上重要日程，依靠科技创新支撑和促进经济社会发展，为经济增长和社会持续发展创造新活力和新动力（陈劲和张学文，2010）。

经过多年努力，我国对世界科技创新贡献率大幅提高，成为全

---

① 本小节内容结合了著者的以下研究成果：《以全球视野推动科技创新》，刊发于2018 年 9 月 6 日的《人民日报》。

球创新版图中的重要一员。但与建设世界科技强国的要求相比，我国谋划科技创新的全球视野还不够广阔，国际科技合作的方式还有待拓展。习近平强调，"要深化国际科技交流合作，在更高起点上推进自主创新"。我们要增强自主创新能力，必须在自力更生基础上更加积极主动地融入国际合作，更加积极主动地学习借鉴国际经验，更加积极主动地参与全球科技治理，在更高起点上推进自主创新。

1. 美国科技创新的发展战略

第二次世界大战结束后，美国成为世界军事、经济和科学技术的头号强国，不仅在基础科学领域居于世界领先地位，还在高清技术领域取得了世界级影响，与此同时美国的大学成为世界科学教育的中心，吸引了全世界青年学生前往深造。美国的科学技术发展呈现出多层次性、多角度性和相互交叉性的特征，形成了一个充满活力的创新体系，是一个由政府支持、大学负责科研活动、创业和私营企业负责研发活动投资的体系。美国的科技创新体系当中有两个方面持续促进了高技术的发展：一是公共投资和私人投资的相互配合。国家经济和技术的可持续和高速发展前景让私营企业积极投入到研发活动当中，从而获得利润，因此私营企业大力投资于高技术研发，使得研发经费大幅增长。同时，政府持续对国家战略和国防重要领域进行投资，促进了这些领域的不断发展。二是促进人才的培养和自由流动，在政府资助大学的相关政策当中，重点培养新一代青年学者进入企业或进行学术创业，同时还鼓励科研人员受聘于企业或自行创办企业。这样的方式有益于大学研究、企业研究和产品研发之间产生丰富的思想交流和人员互动，推动了技术不断进步

（樊春良，2018）。

　　第二次世界大战以后，美国借助大量的人才流入，快速建立起激励创新的组织体系和研究与发展环境，各个领域和学科的人才能够充分发挥其潜力。进而，美国成为世界军事和经济的头号强国，也是科学技术的头号强国（樊春良，2018）。美国科技创新突出其原始性和开拓性，大力鼓励改变世界的基础研究和关键技术开发以及高效率的技术转移，可谓全球科技创新的全能者。据世界知识产权组织（WIPO）发布的2019年全球创新指数，美国排名第二，科技产出如专利及知识产权、论文世界领先。奥巴马就任美国总统以后分别于2009年、2011年和2015年推出三版《美国创新战略》。其中，2015年10月推出的《美国创新战略》对历次创新战略进行集成升级，首次公布了保持良好创新生态系统的四个关键要素（公共基础、私营部门、创新群众和创新环境）（中国科学技术发展战略研究院，2017；中国科学院，2017）。

2. 德国科技创新的发展战略

　　德国在历史上一度是一个落后的国家，到第一次世界大战以前，德国成为欧洲最强大的国家，首都柏林成为世界科学中心。2007年开始，德国发起"卓越战略"，它是由德国联邦教研部和德国科学基金会联合发起成立的，其主要目标是提升德国大学的科学研究和学术创新能力，同时这两个机构也负责"卓越计划"的组织评估和监测。卓越计划至今已经启动了两个阶段，其经费由联邦政府和各州政府共同承担。卓越计划的资助主要分成三个方面：研究生院计划、卓越集群计划和未来战略计划。①研究生院计划主要是为大量青年科学家和优秀的博士研究生提供卓越的科研环境，提高研究生培养的质量并保证他们在尖端研究领域的国际竞争力。同时该计划还鼓励大量的国际学术交流，从而提升德国的学术显示度。②卓越集群计划主要是资助大学设立科研机构，促进大学与其他相关研究机构和企业之间的跨学科协同研发，提高研究和培训方面的竞争能力。与此同时，卓越集群计划还为青年学者和科研人员提供更多的就业和职业培训机会。③未来战略计划旨在打造国际一流的大学，从而长期提升和保持德国在国际学术竞争当中的领先位置，有利于提升德国大学在国际上的知名度和学术竞争力（方在庆，2018）。

德国科技创新坚持关键核心技术的研发与应用，其创新体系以政治联邦制和市场经济为基础，形成了世界闻名的弗朗霍夫协会模式，该模式堪称德国产学研合作模式的典范。德国科技创新主要有"三驾马车"：第一驾马车是政府不断进步的顶层设计；第二驾马车是完善高效的科研体系；第三驾马车是代表德国国家品牌的明星企业和一大批身为"隐形冠军"的中小企业。

3. 英国科技创新的发展战略

英国是近代世界历史上的科学技术中心之一，也是第一次工业革命的发源地，具有悠久的科学技术和研究传统，历史上出现了诸多伟大的科学家，例如牛顿、法拉第等。英国国家科技创新战略的制定源于两次世界大战。在科学传统、社会思想、国家发展、国际竞争和军事战争等多重因素的综合作用下，英国国家科技创新战略不断提升与优化，成为英国可持续发展的核心竞争力和主要驱动力。

21世纪以来，英国政府连续发布了多个以创新为主要内容的白皮书，从而反映出在知识经济背景下，国家发展对于科学技术与创新的依赖和强烈需求。为了推动英国国家知识经济的发展，英国政府加强了国家创新体系的建设。2004年首次制定中长期科技发展计划，提出英国科学技术与创新的发展目标是建立英国国家科技创新体系，使英国成为世界的关键知识中心。英国政府调整了国家发展10年框架计划，提出建设创新生态系统的发展方向。包括五项关键政策：促进科学领域的公共投资；提高研究理事会的运作能力；卓越大学研究；支持世界科学研究；加强科学、技术、工程和数学（STEM）领域教育。2008年世界金融危机爆发，英国开始寻找新的经济增长点和社会可持续发展的动力，提出将生命科学、纳米技术、高附加值产业、数字技术和空间技术作为优先发展领域。2012年又确定了八项重要技术领域，包括大数据、卫星和空间技术、机器人和自动化系统、合成生物学、再生医学、农业科技、先进材料和储能技术。随后又将知识密集型产业和先进制造业作为英国的支柱型产业。重点支持技术和产业的制定，都是以英国政府所作出的技术预见为基础（刘云和陶斯宇，2018）。

英国科技创新的总体战略是巩固基础科学的世界领先优势，加快科技成果的创新与创业，将研究优势转化为经济优势，把英国打造成为世界上科研、创新和商业环境与服务最好的国家，保证英国的长期繁荣。

4. 法国科技创新的发展战略

法国是世界科技强国之一，具有悠久的科学研究历史，在数学、物理学、化学、医学、生理学等基础研究领域取得过世界级研究成果，一度成为世界重要的科学中心之一。法国的国家科技创新体系一共分为三个主要层次，包括决策层、资助层和执行层。在决策层，最高领导机构为议会，其下是总理，统领经济、工业和数字化部，高等教育、研究与创新部，投资总署，大区和其他部委。在资助层，主要是以国家创新计划和规划为中心，纳入了基金会国家科研署、公共投资银行、欧洲研究区、科技最高理事会、研究与技术高等理事会等主体。在执行层，主要是科研机构（国立科研机构和非营利科研机构）与高等教育机构（公立综合大学、私立高等商学院、精英学校）组成联盟，来支持国家创新计划和规划的实施与部署。与此同时，企业形成具有竞争力的集群来支持国家创新计划与规划。另外，科研和高等教育最高评估委员会对执行层当中的所有行动进行评估。

法国之所以能够长期在航空航天、高铁、核能、农业、汽车与精密机械等产业中居于世界领先地位，主要得益于其长期的基础研究，还得益于科研成果的产业化转移。产业化转移的相关机制包括机制融通、政策引导、基金支持、薪资保障和平台搭建。①机制融通：法国在国家科研署牵头下，按照技术领域划分了多个科学联盟，为了促进联盟内的所有研发主体能够最大限度地产生协同效应，又按照学科领域组成主题研究网络，搭建主题研究中心。②政策引导：法国制定了科研税收信贷政策，加强工业创新的相关研发工作。如果企业用于研发的投资比上年增加 50% 以上，则可以享受科研税收信贷的优惠。2013 年，法国推出全新的税收信贷政策，旨在鼓励原型设计、调试和试用等阶段的新产品研究和创新工作，可以抵免创新研究成本 20% 的税收额度。③基金支持：法国的国有银行、地方银行、信托机构、投资机构、国有财团等金融机构通过建立高效稳定的资金链来鼓励科研成果的转化，形成了多样化、多层次、全领域的研究基金。④薪资保障：为了鼓励国立科研机构与企业之间的联系，法国出台了关于保障科研人员待遇的相关规定：第一，关于停薪留职的相关政策。科研人员进入企业进行科学研究，可以保留其在原科研单位的职称，可以随时选择回归。第二，奖励资助政策。中小企业聘用国立科研机构的科研人员，可以得到国家的一次性奖励。⑤平台搭建：多元化的研发平台是推动科研成果转化的最重要、最有效的手段之一，截止到 2017 年，法国成立了技术加速转化公司研究所、实验室、技术研究院、技术集群等多样化的科学研究成果转移和转化平台或机构。

5. 日本科技创新的发展战略

日本在科技创新当中的最重要特点就是诺贝尔奖的井喷现象。自 1901 年诺贝尔奖开始颁奖以来，日本总共产生了 22 位自然科学领域的诺贝尔奖获得者（含美籍日裔）。日本之所以在科技创新发展领域取得如此卓越的成绩，是因为日本自第二次世界大战之后十分重视经济实力、人力资源和技术基础的积累，这些条件是日本取得诺贝尔奖成果的最重要基础，同时也是日本科技发展的基石。20 世纪 70 年代以来，日本提出技术立国的战略，采取一系列综合性的措施，将重点产业的引进模仿转变为重视自主基础性研究并增大对科学研究的投入，技术水平得以不断提高，尤其是在半导体领域走在世界前列。与此同时，在政府主导的官产学合作模式之下，企业的研发能力逐渐增强，大学的基础研究能力也走在世界前列（胡智慧和王溯，2018）。基础研究和研发能力的双重提升成为日本在这一时期的科技发展亮点。

日本关于科技创新的政策措施主要包括四个方面。第一，重视技术预见，系统性地预测和定位前沿性的重点技术领域。1971 年开始，日本开展技术预见，以预测 30 年之后技术发展的路径为目的为本国的科技政策规划提供重要的依据。1994 年，日本对 1971 年所作出的技术预见进行评估，发现 28% 的预见能够完全实现，36% 的预见部分实现。这充分表明，日本在技术预见领域已经成功掌握了世界科技发展的基本规律，并支撑政府及时进行相关科学技术的规划。目前日本已经成功进行 10 次技术预见，在此过程当中不断调整技术预见的方法，以适应科技发展的新形势，提升技术预见的准确性。第二，加大对基础研究的持续性投入。1971 年开始，日本政府提出了将研发经费提升到当年 GDP 30% 的目标。虽然该目标一直未能达成，但是日本对于基础研究的持续性投入已经超过了英法两国研发费用的总和。第三，推进官产学合作制度。1981 年，日本科学技术厅推出创造性科学技术推进的制度，以学术领军人物为核心建立课题组，由企业、大学、国家级研究机构的研究人员共同组成该课题组，构建了一种弹性的研究体制。与此同时，日本通产省重点支持技术预见中列为下一代产业技术基础的领域，包括新材料、生物功能、新功能元件等。第四，大力发展政府主导的大科学项目。为了推动前沿技术领域的突破，支撑本国产业竞争力的提升，20 世纪 70年代，日本政府主导了以超大规模集成电路研发项目为代表的大量大型产业技术的研发项目。产学研合作制度在其中发挥了重要作用，日本的富士通、日立、三菱和东芝等大公司与日本的电子综合研究所和计算机综合研究所等国立研究机构进行合作，协同实现超大规模集成电路研发项目的研发工作，到 1979 年，日本政府和企业在超大规模集成电路研发项目中总共投入 720 亿日元，产出 1 000 多项专利，成功实现了日本在半导体领域的国际领先性，增强了产业竞争能力，到 1989 年日本芯片已经占据世界存储芯片一半以上的市场份额。

2016 年，日本启动《第五期科学技术基本计划（2016—2020年）》，确立了促进产业创新和社会变革、解决经济和社会发展的关键课题、强化科技创新的基础实力和构筑人才、知识、资金的良性循环体系四大战略目标。同时按照政府制定的科技创新综合战略，着力推进"超智能社会"（Society 5.0），增强人才实力，推动大学及其科研经费综合改革，形成人才、知识及资金统筹集成的开放式创新平台，强化科技创新实施体制（中华人民共和国科学技术部，2017）。

对我国而言，拓展科技创新的全球视野，需要进一步丰富国际科技合作的内涵，完善国际科技合作的布局，创新合作机制，提升合作水平。应紧密围绕国家总体外交战略和创新驱动发展战略要求，根据政府间科技合作协定或协议，落实双边、多边重要共识和承诺，完善从基础前沿、重大共性关键技术到应用示范的全链条科技合作布局。充分发挥政府间科技创新合作的作用，丰富和深化与其他国家特别是科技强国的创新对话机制，并与人文交流、高层对话等机制有机衔接，为构建新型国际关系注入科技创新内涵。同时，加强同周边国家和发展中国家科技创新需求的对接，推动实施与发展中国家和新兴经济体的科技伙伴计划，以科技创新合作为纽带增强命运共同体意识。

拓展科技创新的全球视野，还需积极参与全球创新治理。目前世界经济面临的一个现实问题是增长动力不足，必须在创新中寻找出路。当今时代，创新是开放环境下的创新，世界经济增长依赖于各国之间的协同发展，需要让创新要素在世界范围流动和发挥作用，促进新兴产业孕育与发展，从而形成驱动经济增长的新动力。全球创新治理的范围涉及从科技创新到市场应用各个环节，包括围绕科技创新及其应用的一系列国际规则和制度安排。其具体内容更加广泛，既包括传统的科技合作，也包括贸易、投资、金融等领域与科技创新合作相关的内容，还包括加强对发展中国家的科技援助等。习近平在中国科学院第十九次院士大会、中国工程院第十四次院士大会上指出："要最大限度用好全球创新资源，全面提升我国在全球创新格局中的位势，提高我国在全球科技治理中的影响力和规则制定能力。"中国积极参与全球创新治理，就是要为实现创新驱动发展创造有利条件，推动构建符合创新规律的开放包容的全球创新治理格局。

顺应世界科技和经济发展大势，加强国际创新合作，需要有效载体和平台。"一带一路"建设是我国发起的新型国际合作平台，具备促进国际创新合作、推动全球创新治理变革的巨大潜力。"一带一路"建设拓展了不同发展水平国家之间合作发展的空间，可以助力传统产业转型升级、新兴产业加快发展。"一带一路"是创新之路，科技创新合作将在其中发挥越来越大的作用。"一带一路"建设还注重加强人文交流，这有利于促进经济合作向科技合作和创新合作拓展提升，推动构建常态化沟通交流机制，形成互学互鉴、互利共赢的区域协同创新格局，为各国创新发展创造机遇、搭建平台。

第二章
中国科技创新的
突出成就

　　中国科学技术的飞速发展、科学技术创新与经济的一体化以及科学技术创新的国际化趋势，是当前科学技术发展和科技创新的主要特征。科学技术创新不仅是国家发展的重要资源，也是提高国家国际竞争力的关键因素。因此，在时代变化和时机更迭之前，各个国家需要抓紧时间来大规模地调整其科技创新战略并部署力量，增强本国的科技实力以谋取世界经济发展当中的有利地位。经过多年的改革、开放和发展，特别是我国针对科技体制改革的一系列探索和实践经验，我国的科技工作和科学技术创新成果已经取得了显著的成果，科技资源配置格局也发生了可喜的变化，我国已经进入依靠科学技术与创新来驱动发展的新时代。

　　2018 年 4 月，美国战略与国际研究中心（CSIS）更新了其专题研究报告《中国在引领全球科技创新吗？》，从科研经费投入结构、创新主体、投资重点等方面，深入分析了中国研发经费的有关情况。报告指出，几十年来，中国一直依靠制造业来推动经济发展，现在它必须与那些经济深植于创新型增长的国家展开竞争。而中国在成为新兴产业的先驱者方面取得了长足的进步，中国越来越把创新视为经济增长的驱动力。同时，中国正在推动和强化基础研究和应用研究。2020 年，世界知识产权组织和美国康奈尔大学等机构发布2020 年全球创新指数，中国排名第 14。中国国家创新能力国际排名的快速提升，反映出中国国家创新实力的加速攀升，更反映了中国创新驱动发展战略和高质量发展的可喜成就。

2.1　国家科技创新活动的主要维度

国内外已有相当多关于国家创新活动的评价指标体系研究，通过对国家创新能力的评价来认识国家科技活动的基本情况、了解国家在科技竞争当中的优势和劣势。主要的评价指标涉及单指标测评和多指标测评两种类型。

常见的单指标数据包括：研究与试验发展指标、专利指标、生产率指标、国家创新系统测度、科研论文、专著等。这类指标测评工作简单易行，但由于存在统计口径差异和国别差异，单指标测评国家创新能力的准确性有待提升。

多指标测评是对复合能力进行一种评价，通常的做法是将创新活动分成不同的类型或不同的阶段，划分指标维度，再细化各个维度的测评指标。常见的维度划分包括：①将科技创新活动划分为研究与发展活动、科技教育与培训活动、科技服务活动；②将创新过程划分为技术创新投入过程、技术创新中间产品生产过程、具体产品或过程性能、产品生产投入要素过程；③将创新活动的支撑性资源划分为研究与发展经费来源、研究与发展经费配置、大学的作用、支持和影响创新的政府政策等；④将创新绩效划分为科研论文、技术创新和科技进步对企业经济效益的影响。

目前，对于国家科技创新能力的评价已经逐渐由简单到复杂，沿着单一指标到多指标的技术路线进行演化和发展，不断出现更加全面和多维度的指标评价体系来测评国家创新能力，现如今多指标评价已经成为国家创新能力测评的主流方式。正确认识我国科技创新活动的水平、明确我国科技创新活动中的优势和劣势至关重要。制定中国科技创新活动的评价指标是评价的基础性工作，笔者认为必须全面认识中国科技创新活动，这里主要涉及三个方面内容：国家科技创新计划、科技活动的资源投入（科技人力资源和科技经费）和科技活动的成果产出。

1. 国家科技创新计划

国家科技创新相关的科技支持计划是科技发展的重要组成部分之一，也是政府合理配置科技资源、组织各个主体开展科技活动、促进经济发展和社会进步并繁荣科技创新事业的有效手段。从国家的第八个五年规划开始，国家就组织实施了不同层次的科技计划，来促进国家科技创新成果的产生、推动经济发展和社会进步、提升国家的科技能力和实力。其中包括面向经济建设主战场的科技计划、促进高技术及其产业发展的科技计划、加强基础性研究的科技计划和社会发展科技计划，它们共同推进了我国科技创新成果的产生。

（1）面向经济建设主战场的科技计划

第一，国家重点科技项目（攻关）计划。该项目主要是为了解决在国民经济和社会发展过程当中具有方向性、关键性和综合性的科技项目攻关问题，涉及农业、信息通信、能源、资源勘探、环境保护和医疗卫生等领域。这些重点科技项目的确定，主要是从国民经济建设和社会可持续发展的重大需求出发，推进产业技术升级和资源结构调整，解决具有社会公益性的重大科技问题，引领技术创新和高新技术的应用与产业化，进而对产业结构进行调整。

第二，国家重点工业性试验项目计划。它分为国家和地方两级科技计划，主要目的是对国家重点工业领域进行计划和管理，通过制定一系列科学技术创新成果产业化的基础条件来促进科技创新成果的转化，例如：提供成熟配套的技术装备、设计依据和工业规范。该计划的制定和实施能够为中国科学技术创新起到导向性示范作用，并鼓励重点领域不断开发新的科学技术成果。

第三，星火计划。它是我国政府批准实施的首个依靠科学技术创新成果来促进农村经济发展的科技计划。主要目的是通过科学技术创新成果来引导农村产业结构进行调整、推进科技兴农；促进农村经济增长方式由粗放型向集约型转变，提高农业生产过程中的劳动生产率和经济效益；建设并支持一批以科学技术创新为先导的技术密集区和区域性支柱产业，通过优先推动乡镇企业以及农业中的重点技术的科技进步，带动农村经济的发展。

第四，国家科技成果重点推广计划。这是由国务院批准实施的一项国家重点科技计划，能够鼓励和动员科学技术人员和社会力量集中到相对先进、成熟和适用的科学技术成果，并聚焦在国民经济建设的主战场，从而在重点领域形成规模效应，促进经济增长和社会发展。

第五，国家工程技术研究中心建设计划。该计划支持建设国家工程研究中心，涉及能源、交通、机电、轻纺、化工、医药和环保等领域。尤其是鼓励和支持大型企业和企业集团在企业内部建设企业技术中心，使得科学研究的目标与企业的科学技术研发需求紧密联系在一起，有效避免科学研究和技术应用"两张皮"。

（2）促进高技术及其产业发展的科技计划

第一，国家高技术研究发展计划，也就是"863计划"。该计划涉及生物技术、航天技术、信息技术等八个领域，原计划总投资金额100亿元，为期15年。该计划主要面向国家重大战略需求，鼓励自主创新，力争关键技术的重点突破。2016年，随着国家重点研发计划的出台，"863计划"完成了自己的历史使命并退出了时代的舞台。

第二，火炬计划。该计划是国家对于促进高技术、新技术研究成果商品化，推动高新技术产业形成和发展的一种部署和安排。在该计划中，主要选择一批技术基础相对成熟的高新技术领域来加快其产业化发展进程，从而发挥我国科技力量的优势和潜力，以市场为导向来促进高新技术创新成果产品的技术商品产业化和我国高新技术产业的国际化。

第三，产学研联合开发工程的高技术产业化计划。该计划于1993年开始实施，主要是鼓励企业、高等学校和研究机构参与产学研合作，鼓励并支持转让和合作开发项目、共建研究发展机构和高技术经济实体。

（3）加强基础性研究的科技计划

第一，国家重点实验室建设计划。国家重点实验室是国家科技创新体系的重要组成部分，也是国家组织高水平基础研究和应用性研究、教育和培养优秀科学家、开展高水平学术交流的重要基地，因此国家重点实验室建设有利于国家科技创新的发展。

第二，攀登计划。该计划是国家为了加强基础性研究而制定的一项基础性研究重大支持项目，于1991年开始实施，先后有45个项目列入该研究计划，其中包括30个自然科学重大基础性研究项目和15个工程与技术科学重大基础性研究项目。

第三，国家自然科学基金项目。国务院于1986年2月批准成立国家自然科学基金委员会，国家自然科学基金委员会为了支持基础性研究工作，逐渐形成并发展了由研究项目、人才项目和环境条件项目三大系列组成的资助体系和结构，为基础科学的建设、培养和支持优秀科技人才等方面作出了巨大的贡献。国家自然科学基金项目包括面上项目、重点项目、重大项目、重大研究计划、国家杰出青年科学基金、国家基础科学人才培养基金、国际（地区）合作与交流项目等，面向全国重点资助具有良好研究条件和研究实力的科研主体和研究人员。

（4）社会发展科技计划

社会发展科技计划于1995年制定，是全面系统支持社会发展科技工作的国家级计划，其目的在于改善国民经济发展的社会环境和科技工作的支撑条件，提高人口素质和人民生活质量，推进经济和社会的可持续发展。社会发展科技计划的研究项目主要关注一批诸如环境保护、医药卫生、资源利用和灾害防御等社会发展中的重大科技问题，有力促进一大批与社会发展相关的科技创新成果的产出和推广。

2. 科技创新活动的资源投入

科技创新活动的资源投入包括科技人力资源和科技经费。

科技人力资源主要是指从事科学技术相关活动的人员。随着改革的不断深化和中国特色社会主义市场经济的发展，我国的科技资源配置格局也发生着变化。近几年国家科技人力资源呈现出增长趋势，尤其是企业科研队伍有所壮大。在分析科技人力资源时，主要包括科技活动人员、从事研究与发展活动的人员、从事研究发展活动的科学家和工程师、科技后备力量（例如在校大学生等）。

科技经费主要是指政府相关部门和科技创新主体（例如企业、高等学校等）对于科技创新活动的经费支出，通常会用直接的投资额或支出占国内生产总值（GDP）的比重来衡量。

科技人力资源和科技经费实质上是国家和企业对于科技创新活动的投入。如果将科技人力资源和科技经费两者结合进行综合考虑，则涉及直接经费投入、人力资源所涉及的人员全时当量、研究与发展人员人均所获得的科技经费投入等。从科教兴国战略到创新型国家建设战略，再到创新驱动战略，我国对科技投入的总额逐年增加，为建设世界科技强国奠定了资源基础。从 2000 年到 2018 年，我国研发支出的增长幅度与 GDP 的增幅保持同步或略高水平。国家统计

局发布的《2018 年国民经济和社会发展统计公报》指出：2018 年，
我国研究与试验发展（R&D）经费支出为 19 657 亿元，比上年增长
11.6%，其中基础研究经费 1 118 亿元。科技部负责人表示，2018 年，
我国 R&D 经费支出超过欧盟 15 国平均水平，研发人员总量居世界
第一，发明专利申请量和授权量居世界首位，科技作为创新驱动发
展"第一动力"的作用更加凸显（国家统计局，2019）。

3. 科技创新活动的成果产出

第一，专利数据。在我国，专利分为发明、实用新型和外观设
计三种类型，需要具备新颖性、创造性、实用性、非显而易见性和
适度揭露性。发明专利是指对产品、方法或者其改进所提出的一种
新的技术方案，并不要求经过实践证明而应用于工业生产，可以是
一种解决某一技术问题的方案或构思，工业应用上具备可能性。实
用新型专利主要是指对于产品的形状、构造或者其结合所提出的一
种适用于实际应用的新技术方案，在授予实用新型专利时不需要经
过实质审查，其技术方案更注重实用性而对技术水平的要求较低。
外观设计专利是指对产品的形状、图案或者两者所提出的富有美感
并适用于工业应用的新设计，强调的是对一项产品的外观所作出的
富有艺术性和美感的创造。因此，在测量技术创新活动时通常都是
使用发明专利数据来进行测度。

第二，科技论文。在统计科技论文时，除了关注直接的科技论
文发表数量之外，还需要分类统计科技论文在不同级别期刊上的发
表数量，尤其需要关注在 SCI（《科学引文索引》）、EI（《工程索引》）
和 CPCI-S（《科技会议录索引》）上的收录数量。

第三，重大科技成果和国家级科技奖励。这主要是国家对于研

究机构、工业企业和高等学校重大科技创新成果的一种奖励措施。长久以来，我国重大科技创新成果整体水平不高、难以出现高水平和突破性的技术创新成果，特别是在基础研究领域，基础性研究的重大理论建树和科学前沿的突破较为少见。而重大科技成果和国家级科技奖励则能够鼓励科技创新活动主体和人员更加关注基础研究领域，尤其是在基础研究中的重大科技创新成果的研究与发展，

第四，技术贸易。技术贸易主要包括国际技术贸易和国内技术贸易两种形式。我国的国际技术贸易一直保持高速增长的势头，技术贸易合同尤其是技术引进合同金额较高，但是我国的技术引进形式较为单一，以设备进口为主。我国的国内技术贸易逐年增长，其主要卖方依次是科研机构、技术贸易组织、工业企业和高等学校。

第五，高技术产品进出口。在统计我国高技术产品进出口时，需要对进口额和出口额分别进行分析，尤其需要关注高技术产品占全部商品和工业制成品进出口额的比重。

改革开放以来，中国经济经历了多年的高速增长后，逐渐进入中速增长的经济新常态，同时也面临着新一轮的经济转型。长久以来，中国依靠强大的制造业基础，在世界经济中承担着制成品出口的重要经济角色，也是全球价值链当中的重要枢纽之一。随着经济的发展，国内供应链需要进一步升级，出口产品需要更新换代、提升价值含量，这意味着中国经济的创新能力将成为经济发展的新动能。中国的创新能力在近几年迅速增强，在全球创新指数等排行榜上的排名稳步上升，目前在发展中国家中排名首屈一指。中国科技创新爆发巨大能量，逐渐成为社会经济发展的巨大驱动力。中国科

技创新在近 20 年呈现出高速发展的趋势，在科技创新投入、科技产出与成果、国家科技经费投入、高新技术产业发展和高等教育事业发展上，都展现出惊人的成就。

国家科技创新计划往往是在一个时间段内实施，具有一定的期间，其涉及的科技人力资源和科技经费的投入也是记为一个时间段的成果。因此，与国家科技创新计划相关的科研投入已经分散地计入每年科技人力资源和科技经费的相关数据当中。在具体的评价过程中，国家科技创新计划所涉及的具体产业领域可以通过赋予不同的权限或比重来进行加权计算。因此，在后续的现有成就年度情况汇报中，将不涉及国家科技创新计划。

2.2 中国科技活动的资源投入

1. 科技人力资源

（1）全国 R&D 人员全时当量

图 2-1 显示的是 1995—2019 年全国 R&D 人员全时当量，从中可以看出：基础研究和应用研究的 R&D 人员全时当量呈现出稳定增长的趋势，而试验发展的 R&D 人员全时当量从 2005 年开始呈现出显著的增长。从具体的投入情况上看，在 2019 年试验发展 R&D 人员全时当量达到了 379.37 万人年，试验发展的研发人员投入当量是基础研究（39.2 万人年）的 10 倍左右，是应用研究（61.54 万人年）的 6 倍左右。

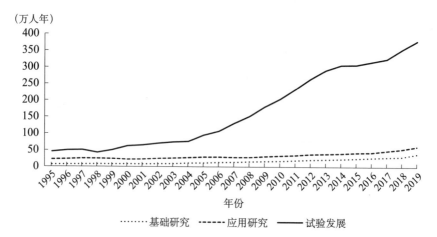

图 2-1 1995—2019 年全国 R&D 人员全时当量

资料来源：中国企业创新研究数据库.

（2）科学研究与开发机构 R&D 人员全时当量

图 2-2 显示的是 2003—2019 年科学研究与开发机构 R&D 人员全时
当量，从中可以看出：试验发展的 R&D 人员全时当量占据最大的比重。

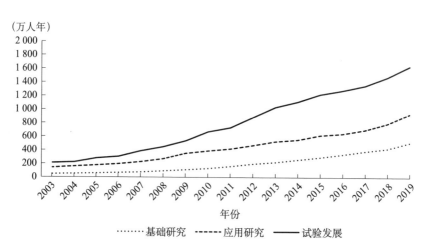

图 2-2 2003—2019 年科学研究与开发机构 R&D 人员全时当量

资料来源：中国企业创新研究数据库.

（3）高等学校 R&D 人员全时当量

图 2-3 显示的是 2004—2019 年高等学校 R&D 人员全时当量，从高等学校各研发类型的比重上看，应用研究的比重最大，其次是基础研究，之后是试验发展。

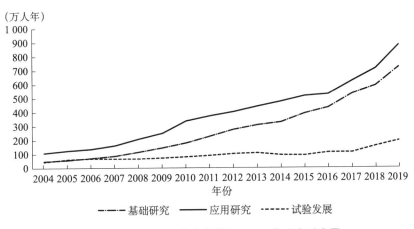

图 2-3　2004—2019 年高等学校 R&D 人员全时当量

资料来源：中国企业创新研究数据库.

2. 科技经费

（1）研发经费投入强度

图 2-4 显示的是 1990—2019 年中国、美国和日本研发经费投入强度情况。可以看出，中国研发经费投入强度从 2012 年开始趋于稳定，逐渐与美国和日本的研发经费投入强度水平缩小差距。2019 年，中国研发经费投入强度达到 2.23。

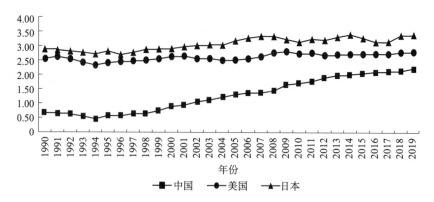

图 2-4 1990—2019 年中国、美国和日本研发经费投入强度情况

资料来源：根据科技部、国家统计局的数据自行测算。

（2）基础研究经费强度

图 2-5 显示的是 1990—2018 年中国基础研究经费占研发经费的比重，即基础研究经费强度。可以看出，中国基础研究经费强度较为稳定，从 2013 年开始呈现出缓慢增长的趋势。2018 年，中国基础研究经费强度达到 6.03%，与 20 多年前相比变化不大。

图 2-5 1990—2018 年中国基础研究经费强度

资料来源：根据科技部、国家统计局的数据自行测算。

（3）基础研究经费投入

表 2-1 显示的是 2006—2017 年国家主要基础研究计划的经费投入情况。从数据上可以看出，国家自然科学基金的经费投入逐年增长，2017 年达到 2 986 659 万元，而国家重点基础研究发展计划和国家重大科学研究计划的经费支出呈现出下降趋势，在 2017 年分别为 119 759 万元和 42 739 万元。

国家重点基础研究发展计划和国家重大科学研究计划显著提升了我国在农业、能源、信息、资源环境、人口健康、材料等重要科学领域的发展，我国基础研究能够面向国家发展战略，聚焦科学目标，实现重点突破和长远发展。国家重点研发计划由原来的国家重点基础研究发展计划（973 计划）、国家高技术研究发展计划（863 计划）、国家科技支撑计划、国际科技合作与交流专项、产业技术研究与开发基金和公益性行业科研专项等基础研究计划整合而成，国家对于基础研究的经费投入更具有战略性、基础性、聚焦性、统一性和前瞻性。这也解释了后两者经费逐渐减少的原因。

（4）专项研究经费投入

表 2-2 显示的是 2001—2015 年我国各类专项经费的投入情况。从数据上可以看出，2011 年，星火计划、火炬计划和国家重点新产品计划的投入都达到了历史最高点，分别是 30 000 万元、32 000 万元和 29 850 万元，随后呈现出下降趋势。科技型中小企业技术创新基金在 2013 年以前呈现出显著增长趋势，近几年有所下降。科研院所技术开发专项投入总体上呈现出稳定增长的趋势。

表 2-1 2006—2017 年国家主要基础研究计划的经费投入情况

单位：万元

	2006 年	2007 年	2008 年	2009 年	2010 年	2011 年	2012 年	2013 年	2014 年	2015 年	2016 年	2017 年
国家主要基础研究计划												
国家自然科学基金	362 014	433 096	535 851	642 697	1 038 109	1 404 343	1 700 000	1 616 241	1 940 284	2 584 293	2 680 331	2 986 659
国家重点基础研究发展计划（973 计划）	97 892	129 263	150 415	189 976	271 813	309 244.5	267 819	282 810.5	299 103	268 467	297 109	119 759
国家重大科学研究计划	37 526.95	35 318	39 585	70 024	128 187	140 755.5	132 181	122 710	135 517	166 255	124 649.5	42 739

资料来源：科技部，国家统计局.

表 2-2 2001—2015 年各类专项研究计划投入情况

单位：万元

各类专项研究计划	2001年	2002年	2003年	2004年	2005年	2006年	2007年	2008年	2009年	2010年	2011年	2012年	2013年	2014年	2015年
星火计划	10 000	10 000	10 000	10 500	11 700	10 160	15 000	20 000	21 892	20 000	30 000	20 000	18 785	18 915	18 000
火炬计划	7 000	7 000	7 000	7 000	7 000	10 825	13 875	15 176	22 765	22 000	32 000	22 000	20 735	20 735	20 000
国家重点新产品计划	14 000	14 000	14 000	14 000	14 000	13 900	14 000	15 000	20 000	20 000	29 850	20 000	18 710	18 610	/
科技型中小企业技术创新基金	78 330	54 024	66 382	82 719	98 848	84 288	125 620	162 109	348 357	429 709	463 999	511 385	512 105	/	113 600
农业科技成果转化资金	40 000	20 000	20 000	25 000	30 000	30 000	30 000	/	/	/	/	/	/	/	/
国际科技合作重点项目计划	10 000	12 000	14 000	16 000	18 000	30 000	30 000	25 000	25 000	25 000	/	/	/	138 000	136 949
科研院所技术开发专项	15 830	21 392	19 301	18 261	18 604	20 000	25 000	25 000	25 000	25 000	25 000	30 000	30 000	30 000	/

资料来源：科技部，国家统计局。

近几年，国家对于基础研究、应用研究和试验发展的经费投入，以及对于产业发展经费的投入、专项科学研究计划的经费投入都在不断进行改革，资助口径逐渐缩窄、类目逐渐减少，而经费投入在不断增加，差异化和多样化的专项经费投入计划被统一的经费投入计划所替代，研究经费的投入在总体上更易于管理，尤其是在项目申报和评审过程当中能够基于统一的标准对各类项目进行评价和审查，研究经费的管理和使用更加科学。

（5）内部支出来源

图 2-6 显示的是 2003—2018 年我国政府资金和企业资金对研发的内部经费投入情况，可以看出：企业资金 R&D 经费是内部支出的主要力量，在 2018 年占据了内部经费支出的将近 80%，达到 15 079.3 亿元；同时政府资金 R&D 经费的内部支出呈现出较为稳定的增长趋势，2018 年达到 3 978.641 亿元。这说明我国的 R&D 经费

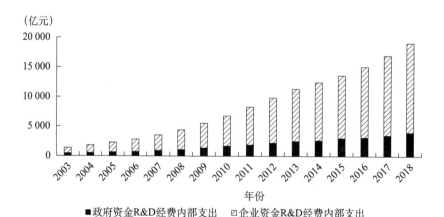

图 2-6　2003—2018 年政府资金和企业资金 R&D 经费内部支出情况

资料来源：科技部，国家统计局．

支出中，企业为 R&D 提供了丰富的资金支持和投入，也是 R&D 的主力军，而政府在其中起到了支持与保障作用。

3. 开放条件下的职业培训和信息通信技术发展

随着市场开放的深入发展，我国传统的科技和创新研发指标体系已很难准确反映出知识驱动经济的创新竞争力。开放式创新体系将吸纳更多的创新要素，仅用 R&D 投入来衡量技术投入力度和技术竞争力是不完整的。技术创新的任务不能仅仅依靠研发部门来实现，全社会成员都有提出创新思想的权力和责任。成功的创新活动需要加强科研链和产业链的整合，实现价值增值。因此，除了 R&D 投入外，还应包括用于提高全体劳动者素质的高等教育投入和职业培训投入。高等教育投入包括普通高等学校教育投入和成人高等学校教育投入，为避免 R&D 经费的重复计算，在高等学校教育经费投入中扣除高等学校 R&D 经费投入。在开放式创新体系下，有效地获取和利用全球创新资源是技术创新的关键，在促进知识传播、分享和利用的过程中，信息通信技术的发展为提高知识扩散效率提供了基础保障，所以还应该加上国家在信息通信技术方面的投资。因此，在计算资源投入的过程中，需要考虑包含职业培训的教育经费投入和信息通信技术发展水平，见图 2-7 和图 2-8。

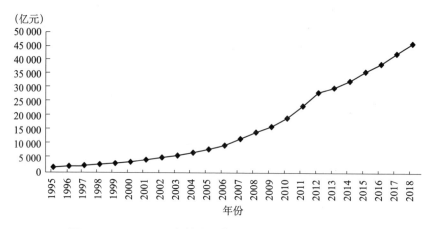

图 2-7   1995—2018 年教育经费投入（包含职业培训经费）

资料来源：国家统计局.

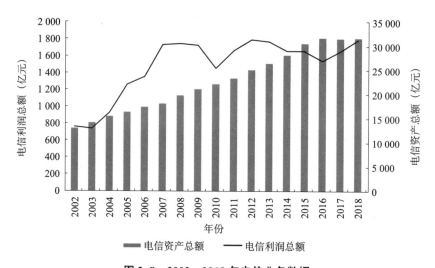

图 2-8   2002—2018 年电信业务数据

资料来源：国家统计局.

2.3　中国科技活动的创新成果

1. 学术论文产出

（1）科技论文产出

图 2-9 显示的是 2005—2018 年我国科技工作者发表科技论文的情况。可以看出，国内发表科技论文的总篇数和国外发表科技论文的总篇数都呈现出稳定增长的趋势，尤其是在 2012 年以后，我国科技工作者在国外发表科技论文的数量快速增加。2018 年，全年国内发表的科技论文为 176 003 篇，在国外发表的科技论文达到 58 440 篇。这说明，我国学术论文在稳定地输出并且逐渐得到国外学者的认可。

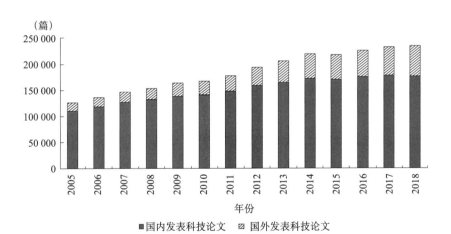

图 2-9　2005—2018 年我国科技工作者发表科技论文的情况

资料来源：科技部，国家统计局．

（2）科技著作产出

图 2-10 显示的是 2005—2018 年我国出版科技著作的种类数量情况。可以看出，科技著作出版的种类数量一直较为稳定，在 2018 年达到了 5 722 种，这说明我国出版科技著作的类型和范围不断扩大，这也间接表明我国科技工作者的研究范畴和范围在扩大。

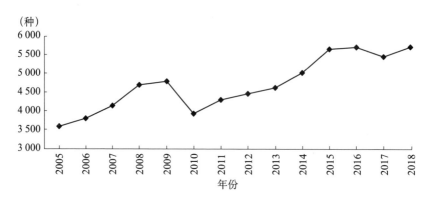

图 2-10　2005—2018 年我国出版科技著作的种类数量情况

资料来源：科技部，国家统计局．

（3）论文收录

图 2-11 显示的是 1999—2017 年国外主要检索工具收录我国论文数量的情况。可以看出，SCI（《科学引文索引》）当中所收录的我国科技论文数量呈现出明显的增长趋势；而 EI（《工程索引》）则呈现出平稳上涨的趋势；CPCI-S（《科技会议录索引》）则呈现出波动。2017 年，SCI 达到了 361 220 篇，EI 达到了 227 985 篇，CPCI-S 达到了 73 626 篇。这说明，我国科技工作者的论文产出在科学引文领域和工程引文领域已经得到了较大的关注和认可。

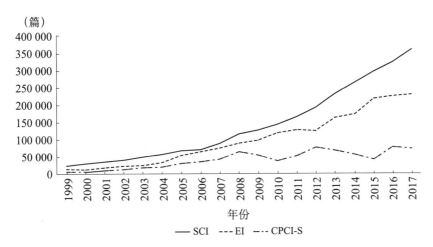

图 2-11　1999—2017 年国外主要检索工具收录我国论文总数

资料来源：科技部，国家统计局.

（4）专利产出

图 2-12 显示的是 2005—2019 年我国专利申请受理情况。可以看出，我国专利申请受理数呈现出显著增长趋势，其中发明专利的申请数量是专利申请中的重要组成部分，且推动了专利申请受理数的增长。

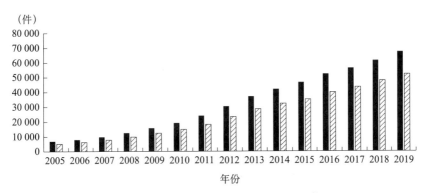

图 2-12　2005—2019 年我国专利申请受理情况

资料来源：科技部，国家统计局.

042 / 大国创新

2019 年，专利申请受理数达到 67 302 件，其中发明专利 52 185 件。

（5）国家重大科技成果产出

图 2-13 显示的是 1999—2019 年国家重大科技成果产出情况。可以看出，应用技术的重大科技成果呈现出显著增长趋势，而基础理论和软科学的重大科技成果呈现出较为稳定的趋势。2019 年，应用技术项目达到 59 903 项，基础理论项目达到 7 009 项，软科学项目达到 1 650 项。

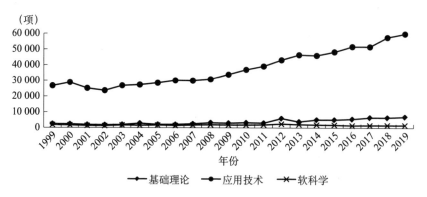

图 2-13　1999—2019 年国家重大科技成果产出情况

资料来源：科技部，国家统计局.

2. 产业成果产出

（1）高技术产品进出口

图 2-14 显示的是 1995—2019 年高技术产品进出口情况。从 2004 年到 2017 年，我国的高技术产品进口额都大于出口额，2017 年以后高技术产品的出口大于进口，这说明我国高技术产品在国际上的需求有所提升，获得了国际市场的认可。

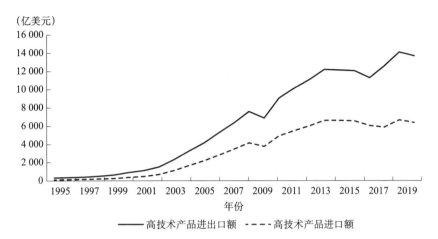

图 2-14　1995—2019 年高技术产品进出口情况

资料来源：中国企业创新研究数据库.

（2）技术市场发展

图 2-15 显示的是 1995—2019 年我国技术市场发展情况。可以看出，从 2010 年开始中国技术市场发展呈现出高速增长的趋势。2019 年，技术市场交易额达到 22 398 亿美元。

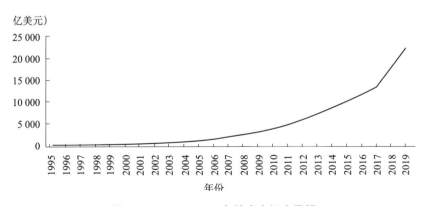

图 2-15　1995—2019 年技术市场交易额

资料来源：中国企业创新研究数据库.

（3）高新技术产业的经费投入

图 2-16 显示的是 2000—2017 年我国高新技术产业 R&D 经费和新产品开发经费的投入情况对比。可以看出，对于新产品开发经费的投入一直高于 R&D 经费的投入，总体上达到 60% 以上。2017年，我国高新技术产业当中对于新产品开发经费的投入达到 3 421.3亿元，而对于 R&D 经费的投入达到 2 644.7 亿元。从经费投入上看都有所增加，但是从对比情况看，新产品开发经费一直高于 R&D 经费，这说明产业对于 R&D 的投入更倾向于市场导向。

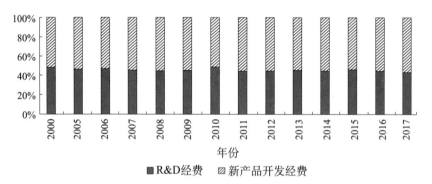

**图 2-16　2000—2017 年高新技术产业 R&D 经费
与新产品开发经费的对比情况**

资料来源：科技部，国家统计局．

（4）国外技术引进

表 2-3 是 2014—2019 年我国国外技术引进交易情况。可以看出，所有的技术交易都在 2015 年呈现出显著下降，随后逐渐提升。从总合同金额上，在 2019 年达到 3 520 087 万美元。从具体的金额占比上看，专利引进的技术费达到了一半以上，其次是专有技术的许可或转让，达到 1 645 792 万美元；专利技术的许可或转让、技术咨询

和技术服务、计算机软件的进口占比较为均衡。

表 2-3　2014—2019 年中国国外技术引进交易情况　单位：万美元

国外技术引进交易类型	2014 年	2015 年	2016 年	2017 年	2018 年	2019 年
合同金额	3 108 481	2 815 388	3 072 800	3 282 700	3 313 442	3 520 087
专利技术的许可或转让（包括专利申请权的转让）	259 721	310 398.3	297 600	430 800	636 182	435 466
专有技术的许可或转让	1 349 803	1 477 876	1 644 100	1 680 500	1 574 959	1 645 792
技术咨询和技术服务	854 207	776 205.9	842 300	690 300	536 637	1 023 435
计算机软件的进口	281 032	88 554.4	55 600	231 900	363 886	97 546
为实施以上内容而进口的成套设备、关键设备、生产线等	41 376	19 520.4	41 000	22 400	31 189	40 935
技术费	3 044 593	2 726 691	3 015 700	3 189 800	3 227 089	3 143 438

资料来源：科技部，国家统计局.

第三章
创新驱动中国经济
高质量发展

　　创新驱动是国家命运所系。国家力量的核心支撑是科技创新能力。创新，包括社会创新和科技创新等，毫无疑问已成为当今世界经济与社会可持续发展的不竭力量之源。改革开放40多年来，中国成功抓住了全球化的历史性战略机遇，坚持改革开放，坚持政府创新、制度创新、管理创新和创新发展，从农村到城市，从试点到推广，从经济体制改革到全面深化改革，中国人民用双手书写了国家和民族发展的壮丽史诗。中国已成为全球第二大经济体，发展速度和改革成就令世界瞩目，其背后的核心驱动力则是创新驱动引致的高质量发展。经济高质量发展对于创新国家的建设具有非同寻常的意义，同时在中国随着市场经济的不断深化和发展，企业成为经济高质量发展的核心力量，而中国也在探索经济高质量发展的过程中积累了丰富的经验，形成了独特的发展路径。

3.1　经济高质量发展对创新型国家的意义 [①]

今天的世界正经历前所未有的变革与调整，东西方角色转换，东西方面临不同的挑战。今日的中国正在创造民族复兴的伟大壮举。在进入中国特色社会主义新时代和扩大开放新阶段的背景下，随着新技术革命和产业革命的快速推进，中国创新型国家建设面临前所未有的挑战，也面临着"一带一路"倡议、全球经贸调整和第四次科技革命带来的新战略机遇期。党的十九大对科技创新作出了全面系统部署，推动高质量发展、支撑供给侧结构性改革、加快新旧动能转换，对科技创新提出新的更高要求。其关键是必须坚持以习近平新时代中国特色社会主义思想为指导，推动科技创新主动引领经济社会发展，打造经济增长、产业升级、民生改善的内生动力，为质量变革、效率变革、动力变革提供强有力的科技支撑。

2018年4月，习近平在博鳌亚洲论坛开幕式的主旨演讲中指出，"一个时代有一个时代的问题，一代人有一代人的使命。虽然我们已走过万水千山，但仍需要不断跋山涉水。"在中国特色社会主义新时代和对外开放新阶段，中国面临的一个重大命题就是打通从科技强到产业强、经济强和国家强的通道，推动中国从经济和创新大国迈向科技创新强国。

[①]　本小节内容结合了著者的以下研究成果：《中国企业崛起：经验、路径与瞻望》，刊发于《瞭望中国》2018年第11期。

图 3-1 显示的是中国经济发展与企业创新成果的对比数据。可以发现，中国经济发展在更早时间点上进入稳步发展的阶段，企业的科技创新从 2010 年开始进入大幅增长阶段，增速超过 GDP 增长的速度。

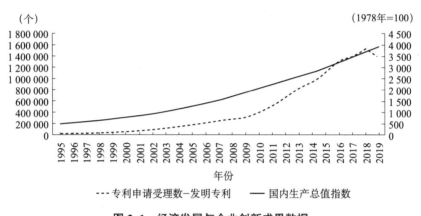

图 3-1　经济发展与企业创新成果数据

资料来源：CSMAR 中国经济金融研究数据库.

40 多年来，中国不仅在社会创新领域获得突出成就，科技创新也不断实现突破，天宫（空间实验室）、蛟龙（载人潜水器）、天眼（世界最大单口径球面射电望远镜）、悟空（暗物质粒子探测卫星）、墨子（量子科学实验卫星）、大飞机等重大科技成果相继问世，科技实力与主要发达国家的差距迅速缩小。中国在建设创新型国家方面取得了举世瞩目的成就，主要体现在国家综合创新能力和国际排名快速提升。根据世界知识产权组织发布的 2019 年全球创新指数，中国排名第 14，成为首个跻身全球创新指数 15 强的发展中国家；中国以制造业和新兴产业为代表的全球竞争力持续攀升，并在历史上首次超越创新强国日本（第 15 位）。瑞士洛桑国际管理学院（IMD）

发布的《2018 年世界竞争力报告》显示，中国核心竞争力在改革开放后持续上升，2018 年达到全球第 13 位。此外，中国的知识产权创造能力从追赶到超越，专利申请授权量连续 10 年居世界首位，科技论文发表量攀升至全球第一；研发投入持续高速增长，研发强度达到世界一流创新型国家标准；科技成果转化起步晚但进展快，高校科技成果转化总量和速度正在赶超世界一流大学；工业化和信息化"两化融合"速度和质量不断提升，催生了一批具有全球竞争优势的领军企业。

40 多年来，中国不断发展厚植于中华文明的国家治理体系，强化社会创新、制度创新和政府创新，从"面向和依靠""稳住一头，开放一片""科教兴国"到"创新强国"，正在坚定不移地朝着"进入创新型国家行列（2020 年）—跻身创新型国家前列（2030 年）—建成世界科技创新强国（2050 年）"的创新发展目标稳步迈进。党的十九大提出"中国特色社会主义进入新时代"的重要论断意味着中国的科技创新工作也进入了新时代，新时代的科技创新工作出现了新局面。党的十八大以来，既是党和国家发展进程中极不平凡的新时代，也是科技创新取得历史性成就、发生历史性变革的新时代。在以习近平同志为核心的党中央坚强领导下，在全国科技界和社会各界的共同努力下，中国科技创新持续发力，加速赶超跨越，实现了历史性、整体性、格局性重大变化，创新成果竞相涌现，科技实力大幅增强，已成为具有全球影响力的科技大国。

中国经济和产业的持续崛起，源于中国企业的崛起。中国的企业和企业家是中国成功建设世界科技创新强国的关键和核心主体。全面深化改革需要鉴往知来，攻坚克难离不开历史明鉴，继往开来离不开理念导航。总结中国典型企业创新崛起的经验，识别中国企业未来持续崛起的路径，有助于完善以企业为主体、产学研合作的开放协同高效的新型国家创新体系，推动重大核心技术突破和成果转化应用，持续提升中国企业的创新能力，培育世界一流创新领军企业，打通科技创新、产业升级、经济转型和国家强盛的通道，对建设创新型国家和面向未来的世界创新强国意义重大。

3.2 创新驱动中国经济高质量发展的路径

第一，重视企业创新能力的核心作用，构筑世界领先的核心技术能力。华为公司的崛起之路，是典型的研发与设计驱动自主创新、构筑世界领先竞争优势的路径。自 1987 年成立以来，经过 30 年的技术积累与发展，华为从一家民营通信科技公司成长为全球最大的电信网络解决方案提供商、全球规模第二的电信基站设备供应商，离不开对研发和设计的持续投入与研发管理效率的提升。为应对公司快速扩张带来的用户需求，提升新产品质量和竞争力，任正非于1999 年引入集成产品开发（IPD）系统框架，重组研发管理体系，有效保障了华为持续高强度的研发投入和高效产出，成为华为向世界级公司转变的系列变革的开端。为了推动颠覆性和关键性技术突破，华为于 2011 年成立"2012 实验室"，将研发投入的 15% 投入基础研究，并承诺将持续提升至 30%。根据欧盟委员会发布的《2017年全球企业研发投入排行榜》，华为 2017 年的研发投入达到 104 亿欧元，占销售收入的 19.2%，研发投入增速为 28.5%，研发投入和增速均超过苹果公司，排名全球第六，中国第一。华为是唯一进入全球企业研发投入前 50 名的中国企业。在当前我国基础研发投入不足、关键核心技术受制于人、缺乏颠覆性技术创新的背景下，以华为为代表的中国企业通过研发和设计驱动的崛起之路，对打造中国企业核心能力，实现可持续的国际化竞争优势，意义更为重大。对此，借鉴华为的崛起经验与路径，需要充分调动大型企业在科技创新方面的引领示范作用，发挥国有企业和民营企业的战略互补性、大型企业和中小企业的能力互补性，巩固和完善研发和设计驱动、国企民企联动、大中小企业协同的整合式企业创新系统。通过研发投入打造制造业企业的自主知识产权、实现关键技术和关键零部件的突破，通过应用设计思维将研发战略与产品战略、用户战略相结合，打造基于技术核心能力的企业创新生态系统，才能实现中国产业发展从价值链"微笑曲线"的底端向设计和研发驱动，为用户、利益相关者乃至整个行业带来变革性的技术创新，培育世界一流的自主创新领军企业。

第二，以互联网发展为基础，构建开放协同创新模式。创立于 1984 年的海尔集团，作为中国家电制造业的全球品牌，借助"互联网 +"和开放协同创新模式，成功从传统的制造企业转型为以先进制造为核心的开放式创新创业平台。海尔于 2013 年正式上线海尔开放式创新平台（HOPE），2015 年和 2016 年分别启动和升级了创新合伙人计划，开创和引领创新合伙人社群模式的探索。依托 HOPE，海尔通过"人单合一双赢"模式和"自主经营体"模式，将战略变革和组织变革与技术创新相结合，打造以社群经济为中心、以用户价值交互为基础的后电商时代实现共建、共创、共赢战略模式的和式创新生态圈，成为物联网和智能制造时代的引领者。基于 HOPE 支持的技术与产品创新为海尔每年带来至少 500 亿元的营收，HOPE 每年支撑上市新产品超过 60 个，年均创新增加值超过 20 亿元。海尔的创新转型已经被国内外实践和学术领域广泛关注和探讨，并入选哈佛商学院、沃顿商学院教学案例库。2017年在德国出版的畅销书《商业的未来传奇》中，海尔是唯一入选的中国企业。海尔是实现巨无霸企业持续转型、通过平台和组织创新赋能中小企业创新创业的典型案例，为中国企业乃至世界企业通过开放式协同创新向数字化转型提供了可资借鉴的经验与路径。中国工程院院士周济在《走向新一代智能制造》中指出，借助"互联网＋"战略实现互联网与先进制造业、现代服务业的深度融合，实现制造业数字化、网络化和智能化，是新一轮工业革命的核心技术，也是"中国制造 2025"的制高点、突破口和主攻方向（周济，2018）。德国工业 4.0 和美国工业互联网的发展经验表明，互联网带来的新工业模式在增强企业、行业乃至国家的整体竞争力方面具有显著价值。在当前经济新常态下，借助人工智能、工业互联网和区块链等新兴技术和用户创新、开放式创新以及大规模定制化等商业模式，推动互联网和新兴技术与制造业融合的深度和广度、发展智能制造，不但是中国企业崛起的重要路径，也是产业转型升级的突破口，更是提升制造业附加值、重塑中国制造业全球竞争优势的新引擎。

第三，建设复杂产品系统管理能力，加快重大关键核心技术的突破。中国商用飞机有限公司（以下简称"中国商飞"）成功研制

C919 大型商用客机的案例是中国企业复杂产品系统管理能力崛起的典型。中国商飞是实施国家大型飞机重大专项中大型客机项目的主体，主要从事民用飞机及相关产品的科研、生产、试验试飞，从事民用飞机销售及服务、租赁和运营等相关业务。作为我国民用飞机产业的核心企业和骨干央企，中国商飞肩负着自主发展我国民用航空产业、参与世界市场竞争和整体拉动我国科技水平提升的重要使命。大型客机是复杂产品系统的典型代表，其研发创新是一个巨大、复杂且技术密集的系统工程，构成飞机的零件数目多达数百万，新机研制的大量工作就是解决零件之间、部件之间的位置关系和装配关系、机载成品与机体的连接关系等。中国商飞基于"第二块屏幕建设"的"双屏创新"建设中所体现的知识管理为中国企业复杂产品系统管理能力建设提供了新的视角和思路。"第二块屏幕"是中国商飞在技术中心、管理部门和生产车间等机构中全面推广的旨在构建员工专业能力的知识管理工程，包含建立电子图书馆、打造场景化知识应用平台、推进知识智能化服务三个步骤。"第二块屏幕"，形象地描述了公司员工在自己日常工作的电脑之外，再增加一块新的电子屏幕作为正常工作的信息参考、数据支撑和知识借鉴媒介，对于改善员工工作绩效、完善公司的知识体系、打造学习型组织有重要作用，为构建公司核心能力和持续竞争力奠定了良好的基础。"双屏创新"是对"第二块屏幕"的全面"武装"，它不仅仅是一块工作屏幕的增加和一种工作形式的丰富，其本质是企业对知识管理重视和学习能力优化的一种机制创新，在微观上让每位员工都能从"第二块屏幕"受益，更科学、高效地解决实践中遇到的问题，同时让员工具有知识体系构建的参与感，进而享受到创新绩效提升的获得感。基于这种全员参与的共享和创新，"双屏创新"在宏观上优化了企业学习氛围与组织学习机制，营造了企业创新文化的氛围，提高了企业作为创新主体的核心能力。得益于以"双屏创新"为代表的自主创新、系统集成创新和整合式创新管理，中国商飞在成立不到十年的时间里成功研制并成功试飞我国改革开放以来首个拥有自主知识产权的市场化大型干线客机项目 C919，这是我国推进商用飞机高端制造领域自主创新的一次重大突破。

3.3 中国经济向高质量发展转变

中国经济高质量发展主要反映在经济发展过程当中劳动生产率的变化、单位能源创造的 GDP、国民总收入和人均 GDP、不同产业 GDP 增加值、汇率的变动、进出口贸易情况、初级产品和工业制成品进出口情况等。这些指标不仅反映了中国经济高质量发展的数量和质量，更反映出中国经济产出在国际市场上的地位。

劳动生产率是指单个劳动生产者在一定时间之内所创造出的劳动成果及其相应的劳动消耗量的比值，单位时间所生产的产品数量越多，则劳动生产率越高。通常情况下，劳动生产率是由社会生产力发展水平所决定的，同时也反映出劳动者的生产熟练程度、科学技术在生产过程中的应用、生产过程中的组织和管理、生产资料所具备的规模和效能，以及外部的一些自然条件。因此，劳动生产率能够在一定程度上反映出一个国家经济发展的能力和水平。图 3-2

显示的是 1990—2017 年中国劳动生产率发展情况与国际对比，可以发现中国的劳动生产率虽然明显低于美国和日本，但是从 2006 年开始增长速度明显提升。这说明，中国经济发展的效率有所提高，且速度优于美国和日本。

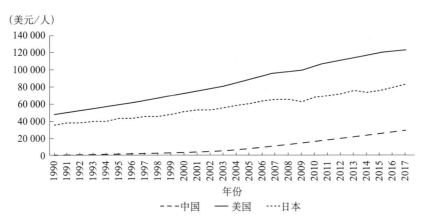

图 3-2 1990—2017 年中国劳动生产率发展情况与国际对比

资料来源：根据国家统计局的数据自行测算。

单位能源创造的 GDP 是反映能源消费水平和节能降耗水平的一个重要指标，它是 GDP 与一次能源供应总量的比例，能够反映出在国家经济活动当中对于能源的利用程度，体现经济结构和能源利用效率的变化。单位能源所创造的 GDP 越高，说明对于能源的利用程度越高效。图 3-3 显示的是 1990—2017 年中国单位能源创造 GDP 情况与国际对比，可以发现美国、日本和中国的单位能源创造 GDP 都呈现出增长趋势，而中国从 2005 年开始，增速明显提升，与美国的差距显著缩小。

（美元/吨标准油）

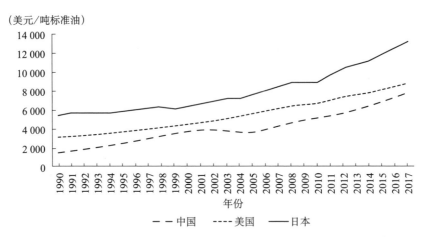

图 3-3　1990—2017 年中国单位能源创造 GDP 情况与国际对比

资料来源：根据国家统计局的数据自行测算。

图 3-4 显示的是 1978—2018 年中国国民总收入和人均 GDP 情况，可以发现国民总收入水平和人均 GDP 均呈现出显著增长趋势，

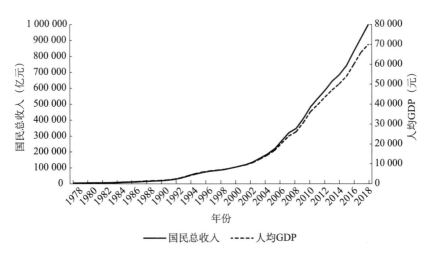

图 3-4　1978—2018 年中国国民总收入和人均 GDP

资料来源：国家统计局.

增速从 2000 年开始显著提高。国民总收入和人均 GDP 都是体现国家经济状况的重要指标，能够反映一个国家和地区的经济实力。这也说明，中国经济正在以较高的速度增长，经济实力不断提升。

　　不同产业的增加值能够反映出一个国家或地区的经济结构，而经济结构就是生产力布局的基本情况，不同的经济结构关系着区域发展程度、速度、潜力等，同时也能在一定程度上反映一个国家经济发展的驱动力。经济结构合理，则有利于国民经济的各个部门之间协调发展，从而充分发挥经济优势。图 3-5 显示的是 1978—2019 年中国三次产业的增加值，可以发现第一产业的增加值一直处于缓慢增长的趋势，第二产业的增加值在不同年份有所波动，但总体呈现上升趋势，而第三产业增加值呈现出稳定且快速增长的趋势。这说明，中国在 1978 年改革开放以后，通过优先发展轻工业、加强基础产业、加快基础设施建设、大力发展第三产业等一系列经济政策和措施，经济结构趋于协调，并朝着优化和升级的方向发展。

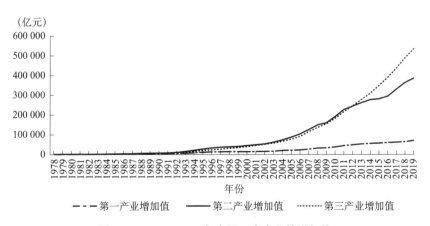

图 3-5　1978—2019 年中国三次产业的增加值

资料来源：国家统计局．

汇率的变动对于一个国家的进出口贸易具有直接的调节作用：本国货币可以通过对外贬值，起到促进出口并限制进口的作用。2020 年 7 月 9 日，在岸和离岸人民币对美元汇率收复 7.0 关口，重新回到 "6 时代"。图 3-6 显示的是 1985—2019 年 100 美元对人民币汇率的变动情况，可以发现在 20 世纪 90 年代初期，人民币呈现出较快的贬值趋势，在随后的 20 多年中一直处于稳步调整阶段，2013 年以后人民币持续升值。

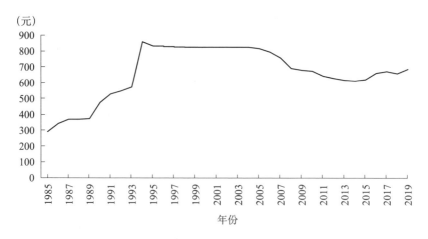

图 3-6　1985—2019 年 100 美元兑人民币汇率的变动情况

资料来源：国家统计局 .

2001 年 11 月，世界贸易组织第四次部长级会议接纳中国加入世界贸易组织，中国正式成为世界贸易组织的成员，并按照约定向世界逐步开放市场，中国的对外贸易不断发展。在经济全球化发展的趋势之下，不断扩大对外开放水平、在平等互利的基础之上积极与世界各国开展对外贸易是一项必然的选择。对外贸易的发展使得中国与世界更加紧密地联系起来，有利于推动国家的经济发展和现代化建设，同时也能够促进世界的经济繁荣和进步。图 3-7 显示的是 1978—2019 年中国进出口贸易情况，可以看出中国的对外贸易大都处于出口总额大于进口总额，贸易顺差较为明显。合理范围的贸易顺差表明中国对外贸易处于有利位置，中国作为国际市场上的最大消费市场，对于世界经济发展具有举足轻重的作用。然而需要注意的是，长期且大量的贸易顺差会带来外汇储备的膨胀，给本国货币带来更大的升值压力。这也是中国未来想要持续保持经济高质量发展需要重点关注的问题。

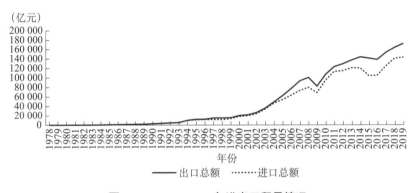

图 3-7　1978—2019 年进出口贸易情况

资料来源：国家统计局．

　　出口贸易结构是指某一种类型的出口产品占整个出口贸易额的份额。一个国家的出口贸易结构是由该国的产品生产、产业结构状况、自然资源状况、相关贸易政策和经济发展水平决定的。一个经济较为发达的国家通常是以出口工业制成品为主。图 3-8 显示的是 1978—2019 年中国初级产品和工业制成品的出口总额，可以看出初级产品的出口总额较为稳定，而工业制成品的出口总额呈现出震荡向上的趋势，并且工业制成品出口总额远远高于初级产品。20世纪90年代，中国的对外贸易发展一直不稳定，结构调整较为缓慢，工业制成品缺乏国际竞争力，缺少高技术产品和高附加值产品。从出口的发展情况上可以发现，类似的问题和矛盾已经在一定程度上得以缓解。

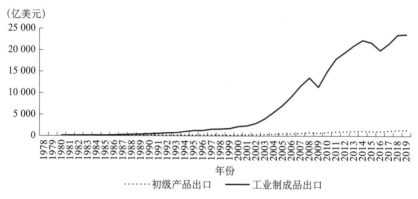

图 3-8　1978—2019 年初级产品和工业制成品出口情况

资料来源：国家统计局．

中国在改革开放初期，主要是以出口资源和能源类产品来换取外汇，进口机械设备和重化工产品等工业制成品来发展本国工业。随着经济的进一步发展，国内的能源和资源类产品难以满足经济发展的巨大需求，因此从国外进口初级产品成为必然的选择。这也与发达国家以进口初级产品为主、出口工业制成品为主的特点不谋而合。图 3-9 显示的是 1978—2019 年中国初级产品和工业制成品进口情况，可以发现两者的进口额都呈现出震荡上升的趋势，且方向相同。可以预见的是，中国的进口结构仍在进行优化和调整。总量的变化反映出我国经济总量的增加对于各种进口品的需求也在持续增加，而结构的变化反映出随着我国经济发展水平的不断提升，进口贸易的功能从调剂余缺逐渐过渡到符合我国在国际市场竞争当中的比较优势分工和竞争优势分工，我国经济在世界经济中的地位和重要性不断提升。

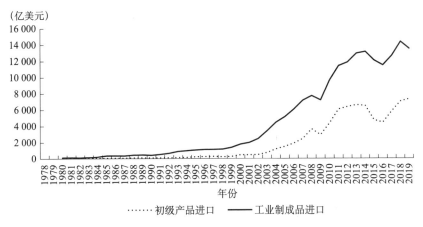

图 3-9　1978—2019 年初级产品和工业制成品进口情况

资料来源：国家统计局．

第四章
创新驱动中国
乡村振兴

　　全面建成小康社会，是没有"掉队者"的小康；全面深化改革，更体现在坚持系统思维，需充分考虑经济、政治、文化、社会和生态等各领域的关联性和耦合性，推动乡村全面振兴尤其如此。突破"三农"历史遗留问题和城乡二元结构的束缚，亟须扎根中国传统文化，推动新时代改革实践探索，强化改革的系统性、整体性与协同性，推进包括农业科技创新、制度管理创新、网络中介创新、社会创新创业等在内的一系列创新，运用整体观、统筹观和整合式创新思维加快建设乡村，激活乡村建设中多元主体的积极性，有序推进城乡融合发展，全面提升乡村发展能力和效率，进而推进乡村全面可持续振兴和城乡融合发展。

4.1 乡村振兴推动全面建成小康社会 ①

创新是引领国家和社会发展的第一动力，"三农"问题是关系国计民生的根本性问题，实现创新驱动发展战略和乡村振兴战略的有机融合，是解决新时代中国社会的主要矛盾，系统推进乡村振兴和实现经济社会高质量发展的内在要求与不竭的力量源泉。2019 年 6 月，习近平总书记在《求是》杂志发表重要文章《把乡村振兴战略作为新时代"三农"工作总抓手》，强调走城乡融合发展之路，加快建立健全城乡融合发展体制机制和政策体系。打好脱贫攻坚战是实施乡村振兴战略的优先任务。从精准扶贫，到后脱贫时代的乡村振兴战略，再到当前的城乡融合发展，高质量发展的政策节奏日益清晰。《中共中央 国务院关于实施乡村振兴战略的意见》确立了"2020 年乡村振兴取得重要进展，制度框架和政策体系基本建成—2035 年乡村振兴取得决定性进展，农业农村现代化基本实现—2050 年乡村全面振兴，农业强、农村美、农民富全面实现"的"三步走"战略目标，并指出乡村振兴的基本原则之一是坚持乡村全面振兴、城乡融合发展和因地制宜循序渐进，凸显了乡村振兴战略是关乎中长期发展全局的系统工程，不是单方面的突围和单一维度的发展，而是要实现乡村全面、系统和整体上的高质量发展。针对这一涉及农业农村农民可持续发展以及国家中长期发展的重大战略问题，一方面要避免将乡村振兴这一战略问题简单战术化的倾向，另一方面要避免振兴路径片面化、一刀切的倾向。习近平总书记明确指出"乡村振兴是一盘大棋，要把这盘大棋走好"，《中共中

---

① 本小节内容结合了著者的以下研究成果：《乡村创新系统推进乡村振兴的路径与机制研究》，刊发于《天津社会科学》2020 年第 3 期。

央 国务院关于实施乡村振兴战略的意见》也明确提出，要科学谋划，统筹推进农村经济建设、政治建设、文化建设、社会建设、生态文明建设和党的建设，注重协同性、关联性，整体部署，协调推进。在乡村振兴推动全面建设小康社会的过程当中，农村绿色发展、农业产业结构调整、城乡融合发展受到广泛的重视。

第一，农村绿色发展。乡村振兴，生态宜居是关键。生态宜居目标的实现需要绿色发展理念的保障和引领。党的十八届五中全会首次将绿色发展理念上升为我国发展的全局理念，习近平总书记提出了创新、协调、绿色、开放、共享"五大发展理念"，并多次指出"绿水青山就是金山银山"，这是将马克思主义中关于生态文明的理论与我国国情相结合的创新，既顺应了联合国"可持续发展2030"的理念，也是我国调整经济结构、转变发展方式、实现人与自然和谐发展的必然选择。绿色发展理念不仅是推动城镇化、经济转型的重要引领与指导，更是乡村振兴的核心要求之一。千百年来农村发展最大的优势和财富就是良好的生态环境，但是工业化以来农村生态的失衡不仅给农业生产、农村环境和农民健康带来了严重的不良影响，也显著制约城市的健康发展。因此，要避免以往"重经济、轻生态"的经济发展模式，以绿色发展理念引领乡村振兴，将绿色、生态、环保和可持续的观念落实到乡村振兴的全过程之中，确保尊重乡村发展的自然规律，做到"保护好绿水青山，合理持续建设金山银山"。而中国乡村振兴和绿色可持续发展，也将极大地推动全球生态环境的改善和可持续发展，助力"可持续发展2030"目标的实现。

第二，农业产业结构调整。乡村振兴，产业兴旺是基础。农业产业结构具体包括生产结构、经营结构和社会化支撑服务结构。乡村振兴不仅依靠农业产业结构优化建设，也有赖于一二三产业融合发展，并通过生产结构、经营结构和社会化支撑服务结构来延长产业链、提升价值链和完善利益链，盘活并提升农村的人力资源要素、资本要素、技术要素，以制度创新释放要素创新效能，推动一二三产业整体产值、利润和创新竞争力的提升，让农民充分参与和分享乡村创新和乡村振兴的成果。建设和完善乡村振兴，首先要客观分析现有乡村产业体系的不足和弱点，充分认识各地区产业体系的差异和本地特色。其次，要针对现有产业体系中制约乡村整体发展的部分，积极通过系统化的方法补弱增强，因地制宜利用本地优势资源和比较优势发展特色产业。最后，要充分利用区域内外的制度和政策性资源，推进有助于乡村振兴的乡村治理体系变革、基于互联网的农业贸易体系建设，形成以农业科技体系为支撑、乡村治理体系为保障、乡村中介服务体系为纽带、社会创新创业为牵引的开放协同格局，打造系统整合、协同高效的乡村振兴路径。

第三，城乡融合发展。2020 年 4 月 1 日习近平总书记在浙江考察时指出，要以深入实施乡村振兴战略为抓手，建立健全城乡融合发展体制机制和政策体系，加快推进农业农村现代化。推进乡村振兴的关键在于，通过乡村发展和建设提升乡村内生发展的动力和能力。这离不开城市对乡村的主动开放，要加快城市创新人才、资源和创新成果向乡村的流动和转移转化，加速乡村快速发展，进一步弱化甚至是消除城镇化带来的对乡村资源的"虹吸效应"，形成乡村要素与城市要素的对等、双向流动。唯有如此，才能把城乡融合发展落到实处。

4.2　创新驱动中国乡村振兴的经验 ①

乡村振兴是新时代背景之下我国解决"三农"问题的总抓手。其本质上是推动农业和农村现代化，关键在于促进农业科技的现代化。世界各国的发展经验表明，科技创新是农业和农村现代化发展的重要驱动力量。我国过去的实践经验已经证实了科技创新对于乡村振兴的重要助力。

1. 科技与产业的深度融合

农业产业的发展是乡村振兴的经济基石，其关键在于促进农业产业发展方式的转变，引导农业朝绿色发展、优质发展、特色发展的方向转变。国家十分重视农业高新技术产业和企业的培育，1997年和 2015 年分别批准建立了杨凌和黄河三角洲农业高新技术产业示范区，取得了显著成效。作为我国第一个农业高新技术产业示范区，杨凌农业高新技术产业示范区 2019 年实现生产总值 166.77 亿元，同比增长 6.2%，在该区域内年末拥有的常住人口达到 21.23 万人。截止到 2019 年 11 月，全国范围内已经设置了陕西杨凌、山东黄河三角洲、山西晋中、江苏南京 4 个国家农业高新技术产业示范区。在这些示范区内，建设了一批农业高新技术产业园区，孵化和培育了一大批农业高新技术企业，形成了具有辐射力、带动力和鲜明农业发展特点的农业高新技术产业集群。高新技术产业示范区成为农业创新的重要基地，也是区域内聚集创新资源的重要载体。另外，在

---

① 本小节内容结合了著者的以下研究成果：《乡村创新系统推进乡村振兴的路径与机制研究》，刊发于《天津社会科学》2020 年第 3 期。

国家政策的支持下，农业高新技术产业示范区加强与当地高等院校、科研院所和产业企业的深度融合。部分高校配合当地农业的发展和区位优势，建立了与当地优势农业相关的学科和专业，例如浙江大学、华中农业大学、南京农业大学和西南大学建立的茶学专业，支持和促进了当地茶产业的发展，同时也有助于营造良好的农业科技创新生态，保障当地农业科技创新发展的人力供给。

再如，四川省成都市蒲江县通过与高校、企业合作，引入先进的种植技术，发展以茶叶、柑橘和猕猴桃为主导的现代农业产业，如与四川农业大学签订战略合作协议，共建特色水果现代农业产业园科研中心；引入农产品提取物研发企业，开展陈皮甙、茶多酚等的提取及生物医药用品开发。通过数字化的触摸式电子信息公开屏，对农户在土壤改良技术等方面进行培训，帮助村民更便捷高效地学习和应用新兴农业科技，提升农业劳动生产率和农产品附加值。此外，蒲江县在农业生态保护和绿色发展方面广泛应用农业科技创新成果，取得了积极成效。例如，实施全域水环境治理，推广绿色防控，获评农业部果菜茶有机肥替代化肥示范县；实施畜禽粪污还田沃土，开展农药包装物回收处理试点，获评全国畜牧业绿色发展示范县、国家循环经济示范县。蒲江县与高校、企业合作，引入先进的种植技术与生态保护技术，加强金融保障、社会保障等制度建设，吸引返乡青年和当地农民创业，打造了以"蒲江猕猴桃""蒲江丑柑""蒲江雀舌"等区域公共品牌为核心的特色现代农业产业，并通过电子商务园区、中外合作产业园区等网络中介实现了产业的品牌化。2019 年，"蒲江猕猴桃""蒲江丑柑""蒲江雀舌"荣登中国区域品牌价值榜 50 强，提升了农产品附加值与产业融合发展能力，为蒲江县进一步推动乡村振兴与实现乡村可持续发展奠定了坚实基础。

2. 新型农业经营和服务主体的创新

近几年，诸多地方政府开始重视小农户与现代农业发展的有机结合，激发小农户作为新型农业经营主体，并通过建立农业服务组织来帮助小农户与现代农业有效衔接。例如，汕头市出台《关于促进小农户与现代农业发展有机衔接的分工方案》，提出以服务、提高和富裕小农户为主要目标，促进当地农村农业形成以农户家庭经营为基础、合作与联合为重要纽带、社会化服务为主要支撑的复合型现代农业经营体系，同时健全小农户服务主体，帮助农户实现农村土地承包权、宅基地使用权、集体收益分配权等权益的维护以及自愿有偿流转。

四川省成都市蒲江县在农业经营和服务主体创新上做了积极探索。蒲江县通过建设电子商务园区和中外合作产业园区，打造连接各村农业种植基地、物流集散中心和城市消费市场的多层次本地社群。在电子商务园区建设上，蒲江县全面整合电子商务公共服务资源，设立农村电子商务公共服务中心，提供各类资源共享、高效优质的公共服务，被评为国家级电子商务进农村综合示范县。为提高电子商务中介网络的利用率，蒲江县搭建了面向新型农民电商的村、乡镇、县三级电子商务培训体系，取得了显著成效。每 5 000 人参加培训可以保证至少新增 500 名从业者，比例约为 10%，远高于行业内 3%~5% 的平均培训转化率。在中介网络基础设施建设的基础上，蒲江县还筹资建设了大数据中心，动态监测市场数据，为村民提供实时市场分析和预测参考,优化农产品产销全流程管理。在中外合作产业园区建设上,蒲江县积极争取,筹建了西部唯一一个被纳入全国中德中小企业合作区布局的中德(蒲江)中小企业合作区,合作区以装备制造和健康食品为主导产业,聚集了以德国博世电动和博世包装为代表的德资精密制造企业,加速产业集聚和三产融合发展。另外,蒲江县建立了县、乡镇(街道)、城乡社区三级志愿服务队伍体系,自发成立、社会化参与的社区志愿服务组织开展社会创新创业活动,有效推动了乡村社会问题的解决,自下而上提升了城乡社会治理能力,社会效益、经济效益以及生态效益同步提升。为营造支持社会创新创业的环境,蒲江县建设了占地50亩、建筑面积约25 400平方米的创业孵化园,入孵项目主要为具有蒲江本地特色的农业电商。为进一步鼓励返乡青年创业和当地农民创业,蒲江县在创业孵化园配备了约12 800平方米的仓储物流设施和专项人才公寓及配套用房。除此以外,县政府制定实施了减税、贷款贴息、物流补贴等一系列政策。蒲江县积极引入社会主体参与田园综合体建设,已培育蓝莓谷、微耕农庄等一批"农旅融合""文旅融合"示范项目,有机推动"县-乡-村"联动,提升一二三产业融合发展能力,打造独具蒲江特色的田园综合体。

3. 农业科技成果转化

农业科技进步取得成效,关键在于农业科技成果转化和推广,农业科技创新成果转化率是衡量其成果质量和重要性的关键指标。促进农业科技创新成果转化为实际的农业生产力,不仅需要科学技术的发展，也需要公共服务平台和专业化机构的大力支持。2015 年，由农业部发起成立、中国农业科学院负责建设的全国农业科技成果转移服务中心，将原有的国家种业科技成果产权交易中心、中国农业科学院技术转移中心进行合并协同运营，有效促进了农业科技成果的转移、转化和应用。全国农业科技成果转移服务中心建设了一个线上和线下相结合的综合性全国农业科技成果转化平台，整合了全国农业科技成果转化大会等一系列专业性和区域性的成果转化活动，农业科技成果转化工作更加集中、专业、高效，进一步提升了其权威性、影响力、公信力。

4. 农业科技创新的人力资源

近几年，高校毕业生、农民工就业压力和就业矛盾日益突出，为了保证社会就业，各地方政府出台了一系列政策鼓励高校毕业生和农民工返乡，积极加入到农业科技创新队伍当中。例如，重庆市地方政府和相关部门围绕高校毕业生、农民工返乡就业和创业开展服务活动，积极提供相关技能培训。

5. 加快农村脱贫工作的进展

2020 年是全面建设小康社会和打赢脱贫攻坚战的收官之年，也是我国农村社会发展和扶贫历史上具有重要里程碑意义的关键一年。2020 年底，我国现行标准之下的农村贫困人口实现了全面脱贫，全国范围内的贫困县全部完成摘帽。在促进农村和农业发展的过程中，脱贫工作起到了关键性作用。在脱贫工作以及乡村振兴事业中，各地因地制宜，充分发挥本地资源的潜力，将劣势转化为优势。例如，井冈山市作为我国建立贫困退出机制之后首个实现脱贫摘帽的国家级贫困县，在农村脱贫工作和实现乡村振兴的过程当中尤其重视当地的生产性发展，包括农林产业发展、旅游产业发展。与此同时，依托互联网平台等新型商业模式提供的广阔外源性市场和发展契机，大力支持农村电商发展，制定了《加快推进井冈山电子商务产业发展实施方案》等一系列支持性政策，将电商发展与当地脱贫和乡村振兴事业进行深度融合。

4.3　创新进一步推动中国乡村振兴

创新驱动乡村振兴的主要成果是农村社会的普遍发展和农民基本生活水平的提高。下面分析居民消费价格指数变动、农村居民家庭平均每人纯收入情况、农村居民消费中衣食住行的比重、农村非衣食住行的其他消费比重、农村居民家庭平均每百户年底常用耐用消费品拥有量等，以揭示近几年中国农村农民生活在乡村振兴背景之下的变化。

居民消费价格指数是反映居民家庭中购买消费品和服务项目价格水平变动的一种宏观经济指标。该经济指标与人民的生活水平密切相关，是国民经济价格体系的重要组成部分，是国家进行经济分析、经济决策、价格水平监测、经济调控和国民经济核算的重要参考指标。一般情况下，居民消费价格指数的变动在一定程度上能够反映出国家通货膨胀或通货紧缩的程度。图 4-1 显示的是 1985—

2019 年中国城乡居民消费价格指数的变动情况，可以发现城市和农村的居民消费价格指数呈现出同步变动的趋势，从居民消费价格上看并没有出现明显的城市和农村二元化的情况。

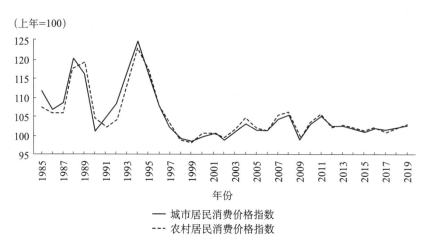

(上年=100)

年份

—— 城市居民消费价格指数
---- 农村居民消费价格指数

图 4-1　1985—2019 年中国城乡居民消费价格指数变动情况

　　农村居民人均纯收入是指一个国家或地区的农村地区居民一年劳动所得的所有收入减去所有支出的余额，能够反映农村居民收入的平均水平。2018 年中国农村人均纯收入持续快速增长，超过了14 000 元。人均纯收入能够用于再生产投入、生活消费支出、储蓄和其他各种非义务性支出，是了解农村地区居民收入、消费、生产、积累和各种社会活动情况的重要指标，也能够用于监测农村地区贫困情况和全面建设小康社会的进程。图 4-2 显示的是 1978—2019年中国农村居民家庭平均每人纯收入情况，可以发现人均纯收入从1997 年开始稳步增长，2019 年达到 16 020.67 元。

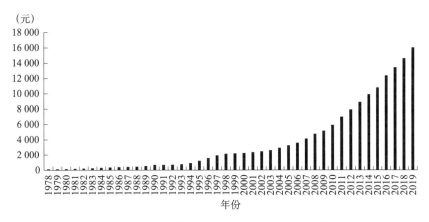

图 4-2　1978—2019 年农村居民家庭平均每人纯收入情况

资料来源：国家统计局.

　　农村居民消费结构是在一定的社会经济水平和条件之下，农村居民所消费的不同类型的消费资料的比例关系。农村居民消费结构一定程度上反映出农村地区人民群众的生活水平和质量。图 4-3、图 4-4 显示的是 1985—2019 年农村居民消费中衣食住行、家庭设备用品及服务、文教娱乐用品及服务、医疗保健所占的比重，可以看出衣食住行的消费比重总体上呈现出显著下降的趋势，在 2014 年达到历史最低点，在 2015 年回升之后又呈现出稳步下降的趋势；与此同时，家庭设备用品及服务、文教娱乐用品及服务和医疗保健的消费比重不断变化。这说明中国农村居民对于文化、教育、保健等方面服务的需求日趋多样化和个性化，相应的服务行业的发展也呈现出多样化、专门化和高级化的趋势。为了满足消费者的需求，服务行业的范围、内容和方式发生了深刻的变化，行业的发展也促进了个人和社会的发展。

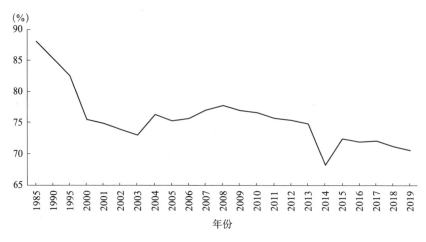

图 4-3　1985—2019 年农村居民消费中衣食住行的比重

资料来源：国家统计局；笔者自行测算．

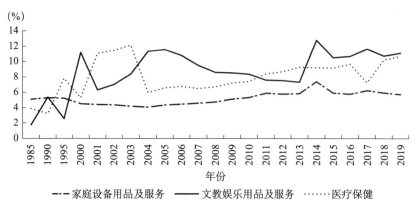

图 4-4　1985—2019 年农村非衣食住行的其他消费比重

资料来源：国家统计局．

耐用消费品通常是指正常的使用寿命预计在一年以上的消费品，其经久耐用，价值会随着消费过程的延长而逐渐减少、最终消失。消费者对于耐用消费品的购买和使用往往会受到收入水平的影响，这可以在一定程度上反映人民物质文化生活水平和消费发展趋势。图 4-5 显示的是 2000—2019 年农村居民家庭平均每百户年底耐用消费品拥有量（部分），可以看出，洗衣机、电冰箱和空调机在农村地区的普及程度较高。表 4-1 显示的是 2013—2019 年农村居民家庭平均每百户移动电话拥有量，可以看出移动电话在农村地区的普及程度非常高，平均每户农村家庭有两部以上移动电话。农村家庭耐用消费品拥有量，尤其是家用电器和移动电话的拥有量能在一定程度上反映出农村家庭的生活水平和数字化发展程度，体现出中国乡村振兴的重要成效。

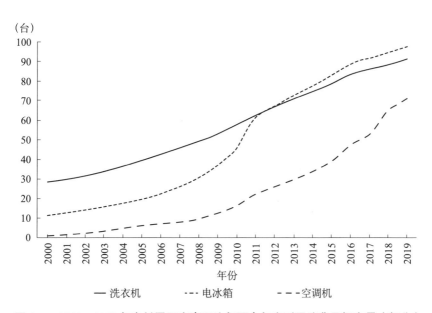

图 4-5　2000—2019 年农村居民家庭平均每百户年底耐用消费品拥有量（部分）

资料来源：国家统计局.

表 4-1 2013—2019 年农村居民家庭平均每百户移动电话拥有量

年份	2013	2014	2015	2016	2017	2018	2019
农村居民家庭平均每百户移动电话拥有量（部）	199.546 2	215.031 1	226.127 0	240.748 9	246.056 6	256.999 1	261.177 9

资料来源：国家统计局.

中国社会全面发展，强调的是创新成果所带来的社会发展重大变化。2019 年政府工作报告明确提出，对标全面建成小康社会任务，需要加强污染防治和生态建设，大力推动绿色发展，这项任务事关中国人民的基本生活环境和状况。创新作为经济和社会发展的驱动力，也理应成为全面发展工作中的重要途径和方式。在社会绿色发展目标的指导之下，创新驱动发展战略为中国社会发展目标的实现提供了宝贵的经验和实施路径。

5.1 中国绿色发展目标

创新驱动发展战略和绿色可持续发展是我国经济发展适应新常

态的必然要求。环境保护和绿色发展是中国建立现代化经济体系的必然要求，也是解决环境污染问题的根本措施。国家经济和社会的改革和完善，需要进一步推动高质量发展和生态环境保护。2019年政府工作报告提出了持续推进污染防治的工作目标：在空气质量方面，二氧化硫和氮氧化物排放量要下降3%，重点地区细颗粒物（PM2.5）浓度继续下降；在绿色产业发展方面，坚持源头治理，加快火电和钢铁行业超低排放改造，实施重污染行业达标排放改造，进一步推进传统工业的能源结构优化和煤炭清洁化利用；在生态环境保护和修复方面，推进山水林田湖草生态保护修复工程试点，加强荒漠化、石漠化和水土流失治理。

传统的经济发展，主要是依靠投资所驱动的大规模和高速度增长模式，这种模式在集约型发展的背景之下已经难以为继。只有通过创新驱动发展战略来激发全社会的创新活力，才能进一步解放和发展社会生产力、推动经济的绿色和可持续发展。自党的十七届五中全会提出绿色发展以来，我国多措并举推动绿色发展，取得了突出的成就。在这一过程中，创新发挥了重要的作用。

早在2016年，国家发展改革委等四部门印发《绿色发展指标体系》和《生态文明建设考核目标体系》，作为国家进行生态文明建设考核和评价的主要依据。在《绿色发展指标体系》中，一级指标涉及资源利用（权数为29.3%）、环境治理（权数为16.5%）、环境质量（权数为19.3%）、生态保护（权数为16.5%）、增长质量（权数为9.2%）、绿色生活（权数为9.2%）和公众满意程度。其中，单个二级指标的最高权数占到2.75%，包括单位GDP能源消耗降低、单位 GDP 二氧化碳排放降低、非化石能源占一次能源消费比重、万元 GDP 用水量下降、耕地保有量、新增建设用地规模、化学需氧量排放总量减少、氨氮排放总量减少、二氧化硫排放总量减少、氮氧化物排放总量减少、地级及以上城市空气质量优良天数比率、细颗粒物（PM2.5）未达标地级及以上城市浓度下降、地表水达到或好于Ⅲ类水体比例、地表水劣Ⅴ类水体比例、森林覆盖率、森林蓄积量。在《生态文明建设考核目标体系》中，涉及资源利用、生态环境保护、年度评价结果、公众满意程度和生态环境事件等目标。

5.2　创新驱动中国绿色发展的探索 [①]

　　创新驱动中国绿色发展，是为我国绿色和可持续发展提供技术支持，具有经济、社会和生态三重价值。创新驱动中国绿色发展有利于经济发展，可以推动绿色生产、加速产业优化并提高资源利用效率，促进我国产业从粗放型向集约型转变，形成低碳经济和循环经济。创新驱动中国绿色发展有利于社会发展，建设资源节约型和环境友好型社会，为居民提供节能高效的生活方式，提升居民生活质量和居住环境，维护社会稳定发展。创新驱动绿色发展有利于生态建设，维护自然生态系统的完整性和多样性所产生的价值，解决环境污染问题，达到保护生态环境的目的。

---

　　① 本小节内容结合了著者的以下研究成果：《反贫困创新的理论基础、路径模型与中国经验》，刊发于《天津社会科学》2018 年第 4 期。

我国的绿色发展实践已经取得了显著的成效，防治大气污染、水污染、土壤污染等专项治理行动的开展，生态系统保护和修复重大工程的推进，以及美丽中国建设在全社会范围内的广泛认同和落实，都促使我国成为全球生态文明建设的重要参与者和贡献者。在这个过程中，科技创新发挥了重要的作用，我国也在科技创新实践中对如何驱动中国绿色发展进行了探索。

第一，大力支持与生态文明建设相关的绿色科技创新。我国幅员辽阔，自然资源丰富，但同时也存在水土流失、土地盐碱化、河水断流、水系污染、水资源短缺和荒漠化等问题。2015年3月24日，中共中央政治局召开会议，审议通过《关于加快推进生态文明建设的意见》，明确了"绿色化"对于国家发展的重要意义，要求针对我国当前生态保护和治理所面临的问题，进行绿色科技创新。目前，已经开始重视并应用的与生态文明建设相关的绿色科技创新技术主要包括：水资源节约和高效利用技术、水安全保障技术、流域山水林田湖草综合体构建技术、高含沙水体调控及系统治理技术、大型梯级水库多目标优化调度技术等。

第二，重视企业中绿色技术的发展，它是绿色发展过程中不可缺少的动力。近几年，我国申报的环保技术、新能源专利数量逐年增加，越来越多的企业和创业者投身绿色技术、绿色能源的发展和研究，尤其是新能源汽车、智能电网、智能网络工业等得到快速发展，环保产业也保持稳定的发展速度。绿色技术是创新驱动中国绿色发展的关键。20世纪60年代开始，欧美的一些发达国家开始制定环境污染控制的一系列法律法规，推动了末端技术的创新和发展，随后，绿色技术的概念受到广泛关注。与传统技术创新不同，绿色技术并不是一味追求经济效益，而是关注资源和环境以及对社会可持续发展的意义。2001 年，笔者关注到绿色技术的发展，提出了绿色技术创新审计指标体系的构建和测度方法。绿色技术创新指标涉及投入、过程和绩效三个主要维度。绿色技术创新投入审计指标包括环境教育与培训投入、创新费用投入、人员投入三个方面。其中，创新费用投入是衡量企业投入的主要指标，环境教育与培训投入、人员投入从侧面反映了企业投入的数量、质量和时间跨度。绿色技术创新过程审计指标包括绿色意识、绿色战略、企业家重视程度、绿色研发、绿色制造、绿色营销以及绿色组织与系统。其中，绿色意识、绿色战略和企业家重视程度等作为企业战略层次的指标，能够充分展示企业间战略的差异。绿色技术创新绩效审计指标反映了企业在绿色技术结构上的差异，包括绿色产品、绿色工艺和末端技术。

第三，企业重视沿产业链加快推进绿色发展。在我国，一些大型重工业和高耗能、高污染企业通过设备改造、技术改进和产业链绿色化的方式加快推进绿色发展。例如，山西省太原钢铁集团在设备改造中引进实时监控排放设备，有效降低颗粒物、二氧化硫和氮氧化物的排放。在山西，政府引导煤炭化工产业向钢铁产业延展，同时落实和推进能量系统优化应用、低品位工业余热利用改造等项目。

第四，重视绿色出行产业创新发展。推动铁路运输的核心技术从蒸汽机发展到内燃机再到今天的电气化，运输工具从慢悠悠的绿皮车变为飞驰的中国高铁，都展示了中国绿色出行产业的发展成就。

铁路是占用土地资源较少的一种运输方式，据统计，我国的铁路能耗在全国交通运输总消耗中只占 18% 左右，而其所完成的换算周转量在 50% 以上，从节能降耗来看，铁路消耗的能源占用交通行业能源消耗的 1/5，却完成了全社会一半的运输量。因此，重视绿色出行、加快铁路运输的发展，是节约能源、保护环境和确保交通运输安全可靠的重要途径。另外，加大改善铁路沿线生态环境的治理已经成为铁路部门和各个地方政府的共识。其生态环境治理的主要内容包括铁路沿线线路外观、线容线貌、沿线缺株断带补植、林带加厚、日常养护、管理维护、设备维修等。

5.3 中国绿色发展推动环境治理

2019 年 11 月 19 日，《中共中央 国务院关于推进贸易高质量发展的指导意见》发布，强调严格控制高污染、高能耗产品进出口。对外贸易结构的持续优化、质量和效益的逐步提升为国家经济和社会的发展作出了积极的贡献。严格控制高耗能产品的出口，有利于推动对外贸易由要素驱动向创新驱动转变，由规模速度向质量效益转变，由成本和价格优势向竞争优势转变。因此，高耗能产品出口情况在一定程度上能够反映中国进出口贸易绿色发展状况。从表 5-1 可以看出，2000—2017 年中国主要高耗能产品中，除了铜材和铝材近几年出口有所上升，其他的高耗能产品出口均有所下降。这说明中国能源产品的出口结构不断优化。

表 5-1　2000—2017 年中国主要高耗能产品出口情况

年份	水泥出口量（万吨）	平板玻璃出口量（万平方米）	钢材出口量（万吨）	铜材出口量（吨）	铝材出口量（万吨）	未锻造的锌及锌合金出口量（吨）	纸及纸板（未切成形）出口量（万吨）
2000	605	5 592	621	144 484	13	593 336	65
2001	621	6 123	474	123 790	14	562 021	68
2002	518	11 359	545	171 710	19	495 987	74
2003	533	12 427	696	232 879	27	484 231	114
2004	704	14 464	1 423	390 023	43	263 149	101
2005	2 216	19 925	2 052	463 560	71	146 845	167
2006	3 613	26 433	4 301	559 122	124	341 465	305
2007	3 301	30 917	6 265	499 678	185	276 714	422
2008	2 604	27 762	5 923	517 522	190	71 320	361
2009	1 561	16 643	2 460	455 136	139	29 287	362
2010	1 616	17 398	4 256	508 580	218	43 395	380
2011	1 061	18 726	4 888	500 347	300	48 369	450
2012	1 200	17 632	5 573	492 980	283	7 937	471
2013	1 454	19 546	6 234	489 000	307	5 395	565
2014	1 391	21 896	9 378	507 858	367	132 719	630
2015	1 575	21 460	11 240	466 077	420	96 683	593
2016	1 785	22 661	10 853	452 313	407	22 642	683
2017	1 286	21 032	7 541	477 898	424	16 445	652

资料来源：中国能源数据库，国家统计局．

　　国家追求绿色发展，通常会设定污染物排放标准和目标，它是国家对人为污染源排入环境的污染物的浓度和总量提出的限制性规定，目的在于控制污染源排污量，实现环境质量标准或环境目标。制定污染物排放标准和排放量，通常需要考虑技术可行性和经济合理性，同时充分考虑污染源所在地区的环境条件以及污染源的分布和特点。在国家经济高速发展的阶段，尤其是粗放型经济发展或者从粗放型向集约型转变的阶段，污染物排放量会呈现出增长的趋势。当经济增长方式成功向集约型转变后，就需要严格控制污染物排放，努力实现绿色发展的目标。从表 5-2 可以看出 2011—2017 年全国主要污染物排放情况，2016 年和 2017 年废气中二氧化硫排放量、废气中氮氧化物排放量、废气中烟（粉）尘排放量和废水排放总量均有所下降，废水和废气污染问题在一定程度上得到改善。

表 5-2　2011—2017 年全国主要污染物排放情况

年份	废气中二氧化硫排放量（万吨）	废气中氮氧化物排放量（万吨）	废气中烟（粉）尘排放量(万吨)	废水排放总量（万吨）
2011	2 217.91	2 404.27	1 278.83	6 591 922
2012	2 117.63	2 337.76	1 235.77	6 847 612
2013	2 043.92	2 227.36	1 278.14	6 954 433
2014	1 974.42	2 078.00	1 740.75	7 161 751
2015	1 859.12	1 851.02	1 538.01	7 353 227
2016	1 102.86	1 394.31	1 010.66	7 110 954
2017	875.40	1 258.83	796.26	6 996 610

资料来源：中国宏观经济数据库，国家统计局．

2016 年，国家发展改革委和国家能源局印发《能源生产和消费革命战略（2016—2030）》，文件指出，到 2020 年，全面启动能源革命体系布局，推动化石能源清洁化，根本扭转能源消费粗放增长方式。2021—2030 年，可再生能源、天然气和核能利用持续增长，高碳化石能源利用大幅减少。在这一发展阶段，需要将能源革命作为能源发展的重要国策，不断推动能源的文明消费、多元供给、科技创新、深化改革、加强合作，实现能源生产和消费方式的根本性转变。

图 5-1 是 1985—2019 年中国能源生产和消费总量情况，可以看出，伴随着中国经济的增长，中国能源的生产和消费总量都呈现出显著增长趋势，且消费总量一直高于生产总量。这一定程度上反映出中国的能源消费过快增长，需要以建设节约型社会为重要契机，切实转变经济增长方式，不断提升能源利用水平。

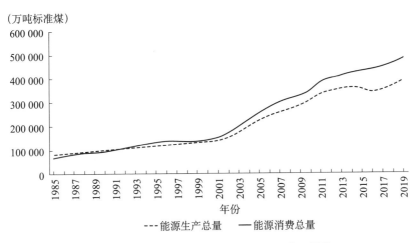

图 5-1 1985—2019 年中国能源生产和消费总量情况

资料来源：国家统计局.

图 5-2 是 1985—2019 年居民生活的清洁能源消费比重变化情况，

天然气与水电、核电和风电的消费比重均呈现出稳步增长。2019 年，居民生活天然气消费比重超过 8%，而水电、核电和风电合计的能源消费比重接近 16%。为了积极贯彻落实科学发展观，大力建设资源节约型社会，节能降耗成为各级政府高度重视的社会发展工作之一。居民生活的能源消费比重一定程度上能够反映国内对居民生活进行能源供给的方式。而中国居民生活清洁能源消费比重的提升也反映出能源供给结构的不断优化。

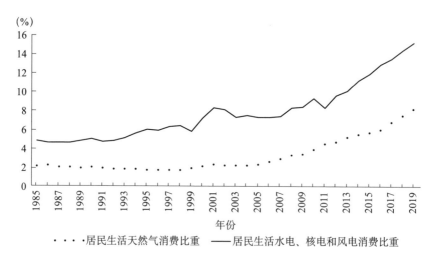

图 5-2　1985—2019 年居民生活的清洁能源消费比重变化情况

资料来源：国家统计局．

污染的无害化处理主要是指通过一定的技术环节去除污染物中的有害物质，使得污染物不再污染环境，甚至可加以利用、变废为宝。表 5-3 显示的是 2004—2017 年城市生活垃圾无害化处理情况，可以看出生活垃圾无害化处理厂的数量及生活垃圾无害化处理能力、处理量和处理率都有明显提升，这有利于改善城市垃圾处理落后的

表 5-3　2004—2017 年中国城市生活垃圾无害化处理情况

年份	2004	2005	2006	2007	2008	2009	2010
生活垃圾无害化处理厂数（座）	559	471	419	460	509	567	628
生活垃圾无害化处理能力（吨/日）	238 519	256 312	258 048	271 791	315 153	356 130	387 607
生活垃圾无害化处理量（万吨）	8 088.71	8 051.10	7 872.60	9 437.69	10 306.60	11 232.29	12 317.81
生活垃圾无害化处理率（%）	52.12	51.69	52.15	62.03	66.76	71.39	77.94
年份	2011	2012	2013	2014	2015	2016	2017
生活垃圾无害化处理厂数（座）	677	701	765	818	890	940	1 013
生活垃圾无害化处理能力（吨/日）	409 119	446 268	492 300	533 455	576 894	621 351	679 889
生活垃圾无害化处理量（万吨）	13 089.64	14 489.54	15 393.98	16 393.70	18 013.01	19 673.78	21 034.89
生活垃圾无害化处理率（%）	79.70	84.83	89.30	91.80	94.10	96.62	97.74

资料来源：国家统计局.

状况，提升城市环境质量。

　　工业污染主要是指在工业生产过程中形成并排放的废气、废水和固体排放物，而工业污染防治是对工业生产过程中所产生的有害物质进行治理、预防，或是改变滥用自然资源的情况。工业污染治理完成投资反映了国家对工业污染防治的力度。图 5-3 显示的是 1998—2019 年中国工业污染治理完成投资情况，可以看出投资呈现震荡趋势，在 2014 年达到峰值，近几年有所下降，这一定程度上显示出我国"先污染后治理"的情况有所好转，工业污染治理取得一定成果。

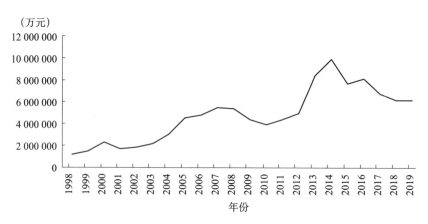

图 5-3　1998—2019 年中国工业污染治理完成投资情况

资料来源：国家统计局．

中国创新何以崛起：
建设创新强国的探索

自全球金融危机以来，中国经济发展的全要素生产率增长速度明显放缓，虽然在近几年经济恢复增长过程当中有所回升，但是总体水平仍然偏低。这意味着中国传统经济的增长动能正在逐渐衰减，经济结构从农业向制造业和服务业快速转型、高投资、高人口红利以及劳动力从农村向城市快速转移所带来的经济红利已经出现增长瓶颈。因此，开拓新的经济增长点尤为重要。

　　中国创新的崛起，是中国政府战略规划、中国企业奋发图强、中国大众广泛参与、全球伙伴广泛合作的结果。企业对创新的持续追求、新型国家创新体系的构建、数字化战略所取得的卓越成效、教育发展所提供的智慧源泉以及中华传统文化所赋予的创新渊源，是中国建设创新强国的重要禀赋。本篇结构如下：

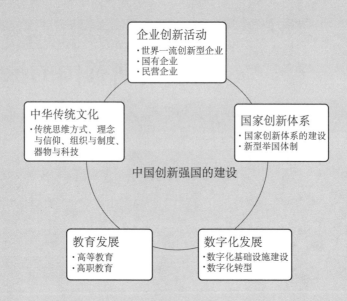

第六章
企业对创新的
持续追求

随着中国特色社会主义市场经济的不断完善和发展，国有企业、民营企业等各种类型的企业在其中扮演着不同的角色，相互作用、相辅相成，共同促进中国经济持续稳定发展。与此同时，企业也是创新活动的主体和重要力量，国家需要重视世界一流创新企业的培育、国有企业和民营企业创新发展的推进，同时还需要鼓励多类型主体之间的融通创新，引导和培育共益型企业家精神，促进中国科技创新强国建设（见图6-1）。

图 6-1　我国不同企业主体的创新

6.1 中国企业向世界一流创新型企业转变 ①

党的十九大指出中国特色社会主义进入新时代，对科技创新作出了全面系统部署，明确提出要培育具有全球竞争力的世界一流企业。明确世界一流企业的创新发展目标，对我国企业抓住新一轮科技和产业革命机遇，培育全球持续竞争优势，加快科技强国建设和实现高质量发展具有重要意义。在全国科技界和社会各界的共同努力下，我国科技创新持续发力，加速赶超跨越，实现了历史性、整体性和全局性重大变化，企业、产业和国家创新实力大幅增强，我国已成为具有全球影响力的创新大国。然而，我国创新驱动战略并未全面有效地落实，破解"卡脖子"技术难题和颠覆式技术创新不足，是当前乃至今后我国企业的一项非常重要的任务。

世界一流企业是科技创新强国建设的"领头雁"，纵观企业发展史和世界 500 强企业，以及那些对人类社会和产业进步发挥重要推动作用的卓越企业，必须认识到，世界一流企业不是单纯规模大、产值高或市场占有率高的企业，也不单是具有单一市场或单一技术、产品优势的企业，更不是单纯追求经济效益的企业。世界一流企业是立足本土，面向全球，愿景清晰，使命高远，秉持企业家精神，有效把握和运用企业经营管理基本规律，依靠艰苦奋斗和持续创新引领企业和产业技术跃迁，从而有能力、有效和持续地进行经济价值创造，同时承担社群与国家发展使命的企业。

创新已经成为驱动经济社会发展的主要力量，企业是创新的重

---

① 本小节内容结合了著者的以下研究成果：《一流创新企业成长路径》，刊发于《企业管理》2020 年第 4 期。

要主体，在中国经济的发展中扮演着重要角色。尽管我国企业不断做大，但大而不强非常明显，我们亟须探索一条中国企业向世界一流创新企业转变的道路。

1. 制定高远的战略规划

企业并非独立存在，而是嵌入大环境之中的。企业必须在明确战略定位的基础上，找到自身的增长动力，顺应发展大趋势。中国航天科技集团公司承担着我国运载火箭、应用卫星、载人飞船、空间站、深空探测飞行器等宇航产品及战略导弹和战术导弹等武器系统的研制、生产和发射试验任务；同时，着力发展卫星应用设备及产品、信息技术产品、新能源与新材料产品、航天特种技术应用产品、特种车辆及汽车零部件、空间生物产品等航天技术应用产业；大力开拓以卫星及其地面运营服务、国际宇航商业服务、航天金融投资服务、软件与信息服务等为主的航天服务业，是我国境内唯一的广播通信卫星运营服务商，也是我国影像信息记录产业中规模最大、技术最强的产品提供商。作为我国航天科技工业的主导力量，该集团公司是国家首批创新型企业，创造了以载人航天和月球探测两大里程碑为标志的一系列辉煌成就，在推进国防现代化建设和国民经济发展中作出了重要贡献。

2. 建立运营与创新兼备的二元组织

在工业经济时代，企业的运营、改善和创新占比分别为95%、4%和1%。进入知识经济时代，企业的运营比重下降至50%，而改善和创新的比重分别上升至30%和20%。随着知识经济社会的到来，创新在现代企业中扮演越来越重要的角色，甚至关乎企业生死存亡。企业必须做的两件事就是创新和运营，创新帮助企业实现产品从 0 到 1，运营则帮助企业实现从 1 到多，或是从产品到收益。企业必须建立兼顾创新和运营的二元组织，即在确保运营的同时专门设立创新部门。这样做的目的有二：其一，运营既保持传统业务的持续运转，维持企业的现实基础，又兼顾企业创新带来的新产品和新工艺的推广，帮助企业创新落地，提高企业盈利能力；其二，创新具有高风险性和不确定性，将创新与运营分离开来有利于企业大胆创新，降低创新可能给企业带来的负面性。在建立二元组织上，美的开辟了两条发展道路。第一条是以消费者为中心，通过全球经营、效率驱动和产品领先策略提升现有的产业竞争力；第二条是通过外部化和内部化的创业团队来推动项目孵化，充分利用全球创新资源促进产品创新，开发新产业，拓展新模式。企业现有的竞争力是创新的基础，创新则是企业避免在激烈竞争中丧失未来的竞争力的策略与手段。企业必须清晰地认识运营与创新之间相互促进的关系，确保运营与创新在企业战略中的重要地位，构建运营与创新相对分离的二元组织结构。

作为一家具有鲜明市场化特征的国家石油公司，中化集团依托近 70 年经营石油业务积累的雄厚基础，充分发挥在国内外市场拥有的资源、渠道和运作优势，积极提供经济社会发展所需的油气资源，参与国家战略石油储备体系建设和能源发展规划研究，在中国和世界能源市场中发挥着日益重要的作用。近 20 年来，在巩固提升石油国际贸易和石化仓储物流业务竞争优势的同时，中化集团加快向石油产业链上下游延伸，增强实体业务可持续发展能力。目前，中化集团能源业务由勘探开发、石油贸易、石油炼制、石化仓储、油品销售、石化销售、园区建设、能源科技等专业板块构成，公司已发展成为具有国际化特色、产业链完整、营销服务能力突出的国家骨干能源企业，产业实力和可持续发展能力日益增强。在加快炼化一体化发展的同时，中化集团积极推进能源互联网布局，借助互联网技术，促进现有业务模式创新，打造石化行业智慧运营商。

3. 高密度研发驱动自主可控

企业核心能力的构建离不开自主创新，自主创新则离不开高密度的研发和高水平的创新人才。国有企业作为国民经济和国家安全的重要支柱，承担着关键核心技术上突破国际封锁和实现自主可控、安全可靠的重要责任。能否坚定自主研发、自主制造之路，决定着国有企业在国民经济中的实际影响力，也决定着中国企业在对外开放新阶段能否取得持续的国际竞争优势。

从一个年产值不到 2 000 万元的珠海市小厂，到如今多元化、国际化的工业集团，格力闯出了一条国有企业依靠自主创新打造世界级"冠军"企业的创新之路。一系列"冠军"荣誉的背后，是格力研发经费"按需投入，不设上限"为代表的高密度研发驱动技术自主可控之举。自 2010 年提出"格力，掌握核心科技"以来，格力持续加大在空调压缩机和智能装备等方面的投入，以质量管理促创新管理，构建具有长久生命力的自主研发创新体系；2014 年提出"让天空更蓝、大地更绿"的目标，贯彻负责任的创新的理念，助力美丽中国建设；2015 年提出"让世界爱上中国造"，致力于通过自主创新推动中国制造向中国创造转型，推动中国产品向中国品牌和世界影响力转型。在这一过程中，格力保持高研发投入，坚持自主培养人才，相继成立 12 个研究院、74 个研究所和 929 个实验室，仅2017 年研发投入就达到 57 亿元。持续的自主研发和自主人才培养，匹配以用户需求为导向的"完美质量"技术创新管理，确保格力电器在全球市场的持续竞争力和绩效提升。

4. 战略性创新型企业家和全员创新的有力支持

构建一流创新企业需要企业全员共同努力。创新不仅仅是高层领导的事情，每一位员工对企业的创新发展都可以贡献一份力量。传统思维普遍认为创新只是少数人的事情，因此企业中普通员工的创造力未被开发出来。这主要与企业及企业家个人对创新的态度及支持程度有关。对于企业家而言，创新是其主要职能，企业家必须明确三类需求，分别是当前的用户需求、未满足的用户需求以及未明确的用户需求。当前的用户需求是企业存在和生存的基础；未满足的用户需求是企业创新的方向及动力；未明确的用户需求则是企业需要加以重视的方面，可以时刻警醒企业创新，采取积极措施防患于未然。

为了成长为一流创新企业，企业必须充分重视创新型人才。华为有 15 000 余名专业人才从事基础研究，有 6 万余名人才从事应用型研究。此外，作为创新型企业，还要建立对创新部门充分认可的制度。比如，提升创新部门在公司的地位，赋予创新部门更多的自主权等。创新是多元异类人才互动的结果。企业要为全员创新营造良好的氛围。其一，企业应创立开放的对话平台，如适宜的工作场所、信息分享机制、头脑风暴、动态互动等。其二，不应仅仅关注企业内部的创新资源，还应将目光投向企业外部，关注客户与社会。一方面大力推动用户创新，从用户层面汲取创新的创意来源，海尔的开放式用户创新平台 HOPE 就集中了全球的力量来解决创新问题，既降低了企业的创新风险，又实现了创新的有效发展；另一方面关注社会在其他领域的创新，关注社会创新的发展动向，紧跟社会对创新的需求，防止被新兴技术颠覆。其三，企业还应关注全球科技前沿研究，运用全球创新生态系统，创造新的创新机会，着力为客户解决现实问题，全面提升企业创新能力。

5. 鼓励冒险、宽容失败的创新文化

企业的文化氛围会影响员工的思维方式和行为方式，良好的文化氛围对企业的创新发展有极大的推动作用。创新企业必须建立容错机制和宽容失败的创新文化。创新是一件高风险的事情，前期需要投入大量人力、物力和财力，而创新结果具有高度不确定性。企业应该鼓励冒险，允许失败，从根源上消除员工对创新的担忧和顾虑。

例如，阿里巴巴在中国较早投资云计算研究，尽管最初百度、腾讯等互联网巨头并不看好云计算的发展，但阿里巴巴怀着允许失败、大胆尝试的心态持续投入，才有了今天的"城市大脑"、车路协同以及飞象工业互联网平台。创新企业还必须建立开放宽容、自由活泼的创新文化，尊重文化差异，建立更加多元化的员工队伍，在异类人才互动的过程中激发创新。

6. 形成科学的创新管理系统

哈佛商学院管理学者罗莎贝斯·莫斯·坎特曾经说过，尽管

许多企业都在强调创新的重要性，却没有取得创新的实质性突破，主要原因是没有合理的战略、没有实现新旧业务的连接、没有适宜的流程控制，此外也缺少恰当的领导者及鼓励创新的氛围。许多企业创新之所以能够取得不错的成绩，都是源于对创新的有效管理。

中国国际海运集装箱集团开启了创新升级战略，横向整合企业各个模块与外界的合作，纵向打通信息的沟通渠道，以全员参与为基础，综合科技创新和管理创新，最终为实现系统的战略创新而服务。企业的重要管理活动大致可以分为质量管理、项目管理、知识管理及创新管理。传统意义上的企业管理主要包括质量管理和项目管理，而新一代的创新型企业还要注重知识管理和创新管理。知识是企业赖以生存的一项重要的隐性资源，而创新是企业未来发展的重要驱动力。对知识和创新的管理需要企业突破以往的思维定式，保持变化、包容的心态。创新是一个非常复杂的过程，创意的产生、创新的落地以及价值创造的整个流程都充满着不确定性。中国企业之所以创新水平不高，主要就是缺乏有效的创新管理体系。企业打造一个科学的创新管理体系，要破除传统的只关注制造与运营的管理模式，在横向整合研发、制造、运营、销售的基础上，将创新加入企业的纵向战略之中，构建以创新战略、创新流程、创新组织制度与文化为核心要素的创新管理系统，充分运用创新资源与工具推动创意产生、新产品开发及商业化过程。对外，关注技术、政策、市场及社会动态，加强合作，合力促进创新发展；对内，构建开放交流的全员创新平台，充分发掘员工创造潜力，不断完善企业创新氛围与创新管理系统。

6.2 国有企业践行国家重大创新发展战略 ①

作为国民经济的重要支撑力量，中国国有企业肩负着加快国民经济转型、积极参与全球创新竞争、共建美好世界的重要使命。在全球创新格局重大变革、国际经贸关系深度调整的背景下，加快建设和完善新型国家创新系统，实现国有企业创新转型，成为中国进一步参与和推动全球创新治理、实现可持续发展的关键。进入对外开放新阶段，中国亟须建设符合国情和创新发展战略的新型国家创新体系，加快国有企业创新发展步伐，一方面强化国有企业提升创新效率和创新竞争力的现代企业发展使命，另一方面助力国有企业更有效地践行国家战略这一社会使命，以国有企业创新发展推进创新引领发展战略落地，进一步实现国有企业和民营企业共生共创共赢，从而助推中国产业转型、加快"一带一路"建设和跨国创新竞合步伐、参与全球创新治理，共同建设更加美好的世界。

1. 战略与制度创新引领重大攻关

建设新型国家创新体系，加快国有企业创新发展，战略与制度创新引领重大攻关、推动高附加制造产业集群崛起是首选路径。核心技术是国之重器，国之重器则是大国崛起和民族复兴的脊梁，但是重大关键技术的突破非一朝一夕之功，须举国上下齐心协力，方能匠心突破。改革开放以来国有企业和中国经济的快速崛起，起步

---

① 本小节内容结合了著者的以下研究成果：《建设新型国家创新生态系统加速国企创新发展》，2019 年 3 月 25 日刊发于《经济参考报》。这也是清华大学中国现代国有企业研究院年度资助项目"中国国企的创新发展与建设世界一流企业：创新生态系统视角"（资助编号：iSOEYB202009）的阶段性研究成果。

于从计划经济向中国特色社会主义市场经济的国家战略与社会治理模式的转型创新,而战略与制度创新更是引领重大核心技术攻关、打造创新文化和生态的根本保障。中国航天、大飞机、中国高铁、港珠澳大桥等国之重器的打造和世界级工程技术的突破,均离不开中国特色的优势——集中力量办大事。

以被誉为"制造业的皇冠"和"现代制造业的一颗明珠"的大飞机为例。高技术、超复杂性、长周期、高投入、高风险等特征,使得民机研发制造能力成为一个国家航空业水平的重要标志,也是一个国家整体实力的重要标志。为推动大飞机研发制造能力的突破,我国于 2010 年底批准立项首个大型客机重大专项标准化示范项目,由国务院批准设立中国商飞作为项目主体,统筹联合各方力量推进以 C919 大型客机为代表的民机核心技术攻关。2017 年 5 月 5 日,历时 7 年,我国自主研制的新一代喷气式大型客机 C919 首飞成功,标志着中国成为世界上少数几个拥有研发制造大型客机能力的国家之一,打破了少数制造商对民航客机市场的长期垄断,更为中国大飞机产业链和产业创新集群打下了坚实的基础,对高附加制造生态体系和创新型国家建设具有全面带动和示范效应。

2. 基于科学的创新转型

随着生命科学、新材料、量子通信和相关产业的崛起,科学对创新的杠杆效应日益显著。基于科学的创新是实现基础性、重大性和颠覆性创新的重要内容,也是新技术持续产生、扩散应用的知识源泉。改革开放以来,我国在基于工程技术的创新方面取得了长足进展,在跨海大桥、深海钻探、高铁等领域达到了世界领先水平,但是在诸如生命科学、化学等基于科学的创新和相关产业领域，一直处于落后和跟随地位。基于科学的创新，是实现产业升级和驱动企业、经济持续转型的重要引擎，也是中国国有经济提升科技创新效率、迈向世界级创新领军者的必由之路。

以中化集团"科学至上"的创新转型为例。中化集团在 2016 年 5 月召开战略研讨会，确立了建设创新型石油化工企业的战略，并重组集团的业务板块和职能部门，实施一系列旨在促进创新转型的措施，阶段性效果显著，在世界 500 强中的排名从 2017 年的第 143 位上升到 2019 年的第 88 位。集团董事长宁高宁在回顾集团发展时，客观而冷静地意识到，虽然中化创新战略有了初步效果，但很多产品和技术创新并没有真正推动业务上的行动，中化面临着无核心竞争力、无技术优势、增长乏力、可能走向平庸等重大挑战，无论是产品还是业务均需要加快基于科学的创新转型。对此，宁高宁在 2018 年 3 月发表一篇题为《科学至上——In Science We Trust 关于中化集团全面转型为科学技术驱动的创新平台公司的报告》的万字长文，系统阐述中化转型的背景、目标和方法论。紧接着，中化集团于 4 月份通过《中化集团关于深化改革全面转型为科技驱动的创新平台公司的决定》，提出"科学技术驱动的创新型企业"的集团层面转型目标，正式拉开中国能源化工领域典型国企基于科学的创新转型的序幕。

以中化为代表的国有企业，开展基于科学的创新转型，是贯彻创新驱动发展战略，加快国企尤其是大型央企转型的有益探索，将有助于国有企业全面提升主营业务的产业地位和国际竞争力，成就"行业领先、受人尊敬"的创新型公司，更有效地承担企业发展和创新型国家建设的双重使命。

3. 产学研用融合提升集群协同

产学研协同创新是充分调动国家创新生态体系内部各个创新主体积极性、高效利用国内外创新资源以最大化创新效率的必由之路。国有企业和事业单位拥有大量科研人才，积累了丰富的创新资源，也拥有大规模的创新平台，但是在科技成果产业化应用、科研与市场结合方面还存在明显短板，科技进步对经济发展的实际贡献率仍然低于发达国家，产学研协同效率亟须提高。以科技型企业为主体的产学研合作规模偏小，合作层次有待提高。国有企业在产学研用融合提升方面的探索，将会大大促进新型国家创新生态建设，助力国有企业集群式创新崛起。

以中国中车为例，中车的创新发展是中国高铁产业崛起的缩影。中车响应国家中长期铁路发展规划战略，以产学研用融合的集群式协同创新推动自主创新、开放式创新，走向全产业链和全球化整合。围绕轨道交通制造业核心技术突破和重大项目研发，中车构建了"开放、协同、一体化、全球布局"的科技创新体系，整合国内外40多家高校和科研院所、70多家产业链单位、60多个国家级技术平台、多家国家级企业技术创新中心以及15家海外研发中心，形成集群协同的优势，不但成功研制出以"复兴号"动车组为代表的先进轨道交通装备全系列谱系化产品，将中国轨道交通制造业推进至全面标准化、自主化阶段，还联合科技部、青岛市共建中国首个国家级技术创新中心——国家高速列车技术创新中心，在政产学研协同创新方面稳步迈向国际化、专业化的新阶段。

中国中车和轨道交通领域的产学研用集群协同创新之路，对进一步组建国家级产业协同联盟，推动建设以国有企业为引领、民营企业全面参与的开放协同创新平台也有重要启发，有助于实现中国在芯片制造、人工智能和生物科技等战略领域的快速崛起和持续创新。

4. "互联网＋"新技术应用加速生态转型

互联网是催生一系列新业态、新模式和新经济增长点的重要动力，也是推动数字化、网络化和智能化制造的重要载体。"互联网＋"战略不仅仅是新兴产业和新创企业获取持续竞争优势的重要战略，更是传统企业尤其是国有经济从粗放型发展向高质量发展迈进的重要路径。而人工智能、大数据、纳米科技、边缘计算、生物科技等新兴技术的快速发展，在挑战传统业务模式和市场格局的同时，也为国有经济转型提供了新的技术机遇。"互联网＋"新技术的应用，是工业互联网发展的重要依托，将充分释放国有企业的规模优势，将资源优势、人力资本存量优势转化为网络协同优势和生态扩张优势，促进国有大中型企业的平台化、生态化转型，进而整合行业、区域创新资源，赋能产业升级和区域高质量发展。

以徐工集团为例，成立于1989年的徐工集团，从濒临破产的国有工厂，跨越式发展成为连续29年保持工程机械行业中国第一并跻身世界前十的制造业企业，其创新发展的亮点就是"互联网＋"新技术应用的模式。徐工集团的信息化提升和"互联网＋"应用在业内起步较早，通过服务云、管理云、信息云的"三云协同"打造的信息化引擎，有效支撑了集团技术知识体系和管理知识体系的建设和融合发展。自 2014 年起，徐工信息化团队升级为徐工信息公司，将徐工集团的制造技术、信息化与工业化融合经验以及物联网探索经验整合，搭建 Xrea 工业互联网平台，这是道路机械行业首个工业互联网平台，标志着徐工集团正式从工业化、信息化深度融合向产业跃升和工业互联网平台升级。徐工信息在智能产品、智能服务和全生命周期等多种场景的探索和应用，将进一步助推智能制造和行业创新生态的快速发展。

在国有企业创新发展的具体路径方面，首要选择是通过国家战略和制度创新引领重大攻关，鼓励国有企业开展基于科学的创新转型，在重要领域坚持高密度研发实现自主可控，借助产学研用融合提升集群协同，运用"互联网＋"新技术应用加速生态转型，兼顾开放与整合，提升全球创新影响力。

展望未来，推动国有企业创新发展，需要扎根中国社会治理的基本制度逻辑，整合国有企业创新发展的经济逻辑和技术逻辑，加快推进国有企业混合所有制改革，将现代企业管理制度与中国优秀传统文化和管理哲学相融合，赋能国有企业可持续创新。具体实践中，需要将新技术应用与商业模式创新相结合，充分平衡渐进性创新和颠覆式创新，兼顾基础研究和应用研究，坚持产学研用一体化的创新之路，通过提升国有企业的创新效率来提升生产效率，与民营企业相辅相成、高度协作，实现双轮驱动经济社会可持续和高质量发展的目标。

推动国有企业创新发展，建设科技创新强国，战略转型是关键。科技创新战略必须从跟随到引领，立足战略转型，立足技术创新链的完整和核心能力的提升，立足核心技术的充分占有和产业链关键环节的掌控，从引进集成上升到自主原创，从简单开放走向基于自主的整合。为持续推动重大核心技术突破，建议科学配置专注于提升整合创新能力的研究体系——成立高附加制造和整合创新战略咨询委员会，与由央企为主导建设的国家级技术创新中心和国家大科学中心形成"铁三角"的支撑布局；科研院校和企业形成科技创新"双引擎"，布局和共建一批颠覆性技术研究院，专注于战略级、高风险和长周期的基础性研究项目。瞄准战略领域、新兴交叉、前沿和薄弱学科以及重大问题，按比例保障基础性科研经费投入，补"弱"增"强"，以战略视野和顶层设计作为引领，形成面向核心技术创新和提升全球竞争力的"高校－科研机构－企业－政府－金融中介－市场"整合式创新生态体系。

6.3　民营企业探索适应性创新发展模式

民营企业在我国经济发展过程中扮演着重要的角色。民营企业发展至今，具有其自身的特点。技术创新对于民营企业的可持续发展而言至关重要，其产品和服务要想在市场上具有竞争力，就必须持续不断地开发新产品和新技术，更好地满足市场需求。通常情况下，民营企业的技术创新主要依靠自筹经费和内部融资，从事高新技术产品研发、生产和销售等系统性活动。

1. 民营企业创新发展现状

从民营企业的创新发展来看，其创新过程具有不同的特点：

第一，在发现机遇阶段，需要明确当前市场的需求并对其进行分析，使新思想与核心技术能够相结合；第二，在思想形成阶段，需要对新设计理念和想法进行评价，从而判定该技术是否能够继续深入研究并将创新项目推进到下一个阶段；第三，在问题求解阶段，需要根据新思想来产生新概念，不断明确和形成需要解决的具体问题和使用的方法；第四，在问题解决阶段，需要通过新发明或是引用他人发明和已有技术来解决问题；第五，在批量生产和开发阶段，需要解决的关键问题是降低工艺技术的成本和满足市场需求；第六，在新技术应用和推广阶段，主要强调新技术和新产品在市场上的运用和推广，使得它们能够为消费者接受，理想情况下少数产品能够得到市场的认可而畅销，顺利回收创新投资。

目前，我国民营企业对于创新的资金投入力度不大，在金融危机的影响之下更加无力投入。民营企业的主体是中小企业，自身的资金实力薄弱，主要依赖于进出口贸易，在国际金融危机造成外需减少的情况下，民营企业的资金水平进一步降低，甚至出现资金链断裂，创新投入会进一步减少。然而，如果无法通过创新来实现企业的转型升级，那么企业将会进行重复和低效的生产，可能因产品缺少市场竞争力陷入恶性循环。在宏观经济总体下行的趋势之下，银行等大型金融机构都倾向于给还债能力较强且更加有保障的公有制企业或大型民营企业发放贷款，这样一来中小民营企业更难得到融资支持来创新以实现企业的转型升级。

2. 民营企业的创新发展模式

中国民营企业在发展过程中逐渐找到了适合自己的创新模式，主要包括自主创新模式、模仿创新模式和合作创新模式。

（1）自主创新模式

自主创新模式主要是响应国家战略和发展的号召，可以理解为国家倡导科学技术发展和原始创新的响应模式之一。中国的自主创新，并不是要放弃国外先进技术的引进，而是要进一步吸收和借鉴国外先进的技术和思想，提升自身的创新能力和水平，整个产业、品牌和产品实现全面的创新。

（2）模仿创新模式

随着经济全球化的深化，中国民营企业在国内和国际市场上面临着日益激烈的市场竞争。通常情况下，创新是企业可持续发展所必不可少的，然而民营企业因其环境和自身能力的限制，常常会面临创新和风险之间的两难选择，在这种情况下，模仿创新模式能够有效缓和两者之间的矛盾和冲突。需要特别说明的是，模仿创新模式并不是指完全模仿或者对市场上的现有产品进行完全的复制，而是对先进入市场的产品进行深入研究及二次创造，引进后改良他人的技术，对产品的功能、外观、性能等各个方面进行改进，使得该产品在市场中具有更强的竞争力。这样一来，能够节约产品前期研发成本和后期市场培育成本，有效降低投资风险。但是，模仿创新所得到的创造性产品往往进入市场时间较晚，市场接受程度不高。另外，其他企业的新技术和新产品并不总是很容易被复制或替代，随着企业知识产权保护意识的增强和国家专利制度的不断完善，模仿创新模式的适用范围逐渐缩小。

（3）合作创新模式

该模式主要是企业选择与其他技术优势企业、高校或科研机构合作，共同完成技术或产品的研发和开发工作。这种合作创新模式往往是以联合开发或技术咨询为主要形式。更深层次的合作创新主要是以合资合并的形式进行，甚至是创立新企业。合作创新模式具有如下优势：第一，合作创新过程是知识的沟通和交流过程，包括各类隐性和显性知识，能够快速增加企业的知识存量；第二，合作创新通常是在企业供应链的上下游之间进行，能够不断提升企业供应链管理水平。

作为民营企业创新发展的最佳代表之一，美的集团历经50多年成为全球家电极具创新力的企业。美的集团于1968年成立于广东顺德，迄今已建立遍布全球的业务平台。美的在世界范围内拥有约200家子公司、60多个海外分支机构及10个战略业务单位，同时为德国库卡集团最主要股东（持有约95%的股份）。美的集团以"科技尽善，生活尽美"为企业愿景，将"联动人与万物，启迪美的世界"作为使命，致力于创造美好生活。按照"产品领先、效率驱动、全球经营"三大发展战略，美的加大创新研发投入，提升产品核心竞争力。2016—2020年累计科研投入超300亿元，在包括中国在内的11个国家设立28个研发中心，是唯一在美国硅谷设立人工智能研发中心的中国家电企业。全球研发人员超过10 000人，外籍资深专家超过500人。家电领域发明专利数量连续四年稳居全球第一，授权专利5.5万件。2015年，"房间空气调节器节能关键技术研究及产业化"获得国家科技进步奖二等奖。2016年7月20日，美的集团以221.73亿美元的营业收入首次进入《财富》世界500强，位列第

481 位。2017 年 5 月 25 日,《福布斯》2017 年全球企业 2 000 强榜单出炉,美的位列第 335 位。2017 年 1 月 5 日,腾讯 QQ 和美的集团在深圳签署战略合作协议,双方将共同构建基于 IP 授权与物联云技术的深度合作,实现家电产品的连接、对话和远程控制。2018 年 7 月 19 日,《财富》公布世界 500 强企业排行榜,美的位列第 323 位。2019 年 7 月 22 日,美的位列《财富》世界 500 强第 312 位。

6.4 多主体形成融通创新 [①]

在关注优秀的民营企业和国有企业的基础上,需要考虑大中小企业与外部创新网络中不同主体(产业伙伴、知识伙伴、政府机构、创新中介机构等)进行资源融合互补、知识协同共享、共创价值。

党的十九届四中全会提出,建立以企业为主体、市场为导向、产学研深度融合的技术创新体系,支持大中小企业和各类主体融通创新。企业被赋予引领融通创新的战略使命。与此同时,区块链、云技术、机器人等数字技术的快速迭代发展,也为企业整合外部数字化创新资源、发展融通创新带来了新的势能。互联网服务直接引起计算服务、信息服务的集中,进一步促进各类数据服务、创新资源的集中,集中式、开放型知识共享服务平台有了很大发展空间(Bacon, Williams and Davies, 2019)。如何借助数字化技术整合外部不同类型、不同领域、不同环节的创新主体的创新资源,推动融

[①] 本小节内容结合了著者的以下研究成果:《融通创新的理论内涵与实践探索》,刊发于《创新科技》2020 年第 2 期;《面向 2035 年的中国科技创新范式探索:融通创新》,刊发于《中国科技论坛》2020 年第 10 期。

通创新发展，是产界学界关注的热点问题。

融通创新是指以社会实际需求和价值创造为导向，通过资源融合互补、知识协同共享、价值共创共得来实现产学研、大中小企业、国有民营企业协同创新的跨组织合作创新模式。融通创新的本质是大中小企业通过与外部创新网络中不同主体（产业伙伴、知识伙伴、政府机构、创新中介机构等）进行资源融合互补、知识协同共享、共创价值实现的协同创新发展模式（Najafi-Tavani et al., 2018）。具体而言，融通创新主要包括产学研协同创新、大中小企业协同创新、国有民营企业协同创新（陈劲、阳银娟和刘畅，2020）。

1. 协同创新与融通创新的区别和联系

协同创新是在国家意志引导和激励机制下，企业、高校、研究机构等各个创新主体整合协同资本、知识、技术等创新资源，实现知识增值以及重大科技创新的跨组织合作创新模式（陈劲和阳银娟，2012；胡雯和陈强，2018）。协同创新是企业、大学、科研机构利用创新资源和科学技术知识在组织间的快速流动、共享和集成，加快提升国家和区域创新的效率以及创新产出的过程（张绍丽和于金龙，2016）。微观层面看，协同创新的过程主要体现在：一是战略协同，主要包括产学研等各个主体的价值观／文化、信任／交流、风险／利益感知观念等；二是组织协同，其中包括结构与过程、各个主体协调机制、组织网络化等；三是知识协同，其中包括隐性和显性知识的协同、产学研不同组织间学习、不同知识界面的协同等（何郁冰，2012）。知识产权和价值分配方面，协同创新偏向于运用专利许可以及协议对知识产权和价值进行分配（郭韧、程小刚和李朝明，

2018）。协同创新更加注重企业的技术缺口和高校、科研机构的知识成果之间的对接和协同。宏观层面看，协同创新的协同体现在：第一，科技与经济的协同。协同创新以战略性新兴产业为切入点，强化企业与知识伙伴如高校、科研机构、智库等的横向深度合作，强化技术成果的商业化以及应用价值的实现。第二，科研与教育的协同。具体是指协同创新过程中，科研机构和教育机构通过协同平台等形式进行资源整合和能力互补，在攻关重大项目的同时培养一批能够突破关键技术难题、发展高新技术产业、带动新兴学科发展的科技型人才（陈劲，2012）。

融通创新与协同创新既有区别又有联系。具体而言，主要体现在实现目标、创新主体、知识管理、组织模式、价值分配、协同机制等方面，如表6-1所示。

2.融通创新的内涵

融通创新的本质是大中小企业与外部创新网络中不同主体（产业伙伴、知识伙伴、政府机构、创新中介机构等）进行资源融合互补、知识协同共享、共创价值实现的协同创新发展模式。融通创新的内涵主要表现在以下几个方面。

第一，异质性资源的融合互补。融通创新有利于不同创新主体的异质性资源融合互补，优化创新资源的配置。融通创新鼓励大型企业依托自身规模和技术优势，以终端用户需求为导向，构建价值链数据平台，带动中小企业和初创企业在产品工艺、技术应用、市场推广、应用场景等方面的创新（Muzzi and Albertini，2015），不断提升大中小企业协同并优化配置外部创新网络中异质性资源的能力

表 6-1　协同创新与融通创新的比较

	协同创新	融通创新
概念	协同创新是在国家意志引导和激励机制下，企业、高校、科研机构等各个创新主体整合协同资本、技术、知识等创新资源，实现知识增值以及重大科技创新的跨组织合作创新模式	融通创新是指以社会实际需求和价值创造为导向，通过资源融合互补、知识协同共享、价值共创共享来实现产学研、大中小企业、国有民营企业协同创新的跨组织合作创新模式
实现目标	偏向于国家战略层面的战略新兴产业的技术攻关和重大科学难题的突破	构建各个创新主体融合发展、互利共赢、共创价值的创新生态体系
创新主体	以企业、大学、科研机构为创新主体，政府、金融机构、中介机构等为辅助要素	产学研协同创新、大中小企业融合协作创新，国有民营企业融合协作创新
知识管理	产、学、研的组织间知识协同	各个创新主体之间动态的知识协同及共享
组织模式	产学研合作为基础的协同创新，人才、资本、技术、知识等要素融合共享	得益于创新生态体系内多元主体如大中小企业、国有企业与民营企业、不同产业集群协作互通，深度融合创新
价值分配	运用专利许可、合作协议实现知识产权和价值的分配	运用合伙制、基于平台战略合作激励机制，更加注重价值创造和价值独占两者之间的融合均衡
协同机制	重视科技与经济的协同、科研与教育的协同	不仅注重科技与经济的协同，科技与教育的协同，更加注重科技与人文的协同、科技与文化的协同、科技与政策的协同

（Phelps，Heidl and Wadhwa，2012）。

第二，创新知识流的协同共享。融通创新过程中，企业通过正式/非正式合作模式如技术联盟、专利许可、学术会议、非正式技术研讨会、合作项目培训、共建实体联合研发等实现跨组织的知识协同和共享。参与融通创新的大中小企业、国有民营企业在创新需求的推动下，在政府和国家政策的引导下，选择合适的知识伙伴和产业合作伙伴（Van Gils，Vissers and Dankbaar，2015），通过个体到组织、组织到组织、个体到个体之间的线上线下互动，不仅能够促进显性和隐性知识的消化吸收以及整合应用，而且能进一步实现创新知识流的协同共享（Tortoriello，McEvily and Krackhardt，2015）。

第三，协同创新价值的实现。通过异质性资源互补融合以及知识协同共享，融通创新有利于四种价值的实现。其一，联通价值的实现。联通价值是企业与其他创新伙伴建立的合作关系本身的价值。例如，中小企业、初创企业在融通创新中通过与大企业的深度合作，能够提升合作项目的可靠性、声誉、知名度，吸引更多潜在合作伙伴的支持和帮扶。其二，资源转移价值的实现。具体体现在企业从其他创新主体获取的资源价值，资源转移价值取决于资产的性质以及这些资产如何利用。有些资源给企业带来的价值是可持续利用的，如具体的工艺技术；有些是容易消耗的，如资金财务支持。其三，交互价值的实现。创新合作主体之间通过正式/非正式合作项目进行深度合作互动形成无形资产价值，如信任、学习机会、独特能力开发、知识创造和市场动态情报信息。其四，协同价值的实现。协同价值指的是各个创新主体合作方的资源、知识、技能整合在一起能够创造出更多的 1+1 > 2 的价值，具体表现在创新流程改进、更强的行为改变能力以及产品和过程创新。

3. 融通创新模式运行机制

融通创新模式运行机制是指融通创新系统运行过程中，各创新主体以及创新资源要素之间形成的互动互促关系及其综合。融通创新模式运行机制包含融合机制以及畅通机制两方面，如图 6-2 所示。

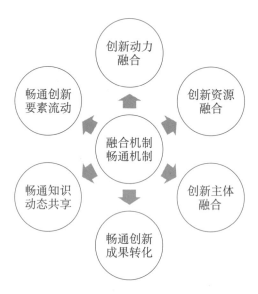

图 6-2 融通创新模式运行机制

融合机制主要体现在创新动力融合、创新资源融合以及创新主体融合三方面。

第一，创新动力融合。在科技创新占主导的商业情境下，科技创新由原来的注重单项突破的线性模式转变为多学科交叉融合的非线性发展模式，因此需要构建不同创新主体的多组织协同创新体系。

融通创新以价值共创为导向，通过建立官、产、学、研、用多元创新主体合作创新生态体系，有效促进不同创新主体创新动力的协同融合。

第二，创新资源融合。融通创新有利于激发大企业的创新活力，提高中小企业的资源获得性。大企业尽管创新资源充沛，但复杂的组织架构、过长的决策周期、较高的试错成本导致其难以快速识别并实践创新机会。中小企业尽管有很好的商业创意和敏锐的市场嗅觉，但自身资源积累有限，难以获得企业快速扩展所需要的创新资本和创新人才。融通创新通过大中小企业融合发展、协同创新，能有效提升创新资源的创新效率。

第三，创新主体融合。融通创新深入融合基础研究、应用研究和产业化研究，有利于打破政府、军队、国防科技工业、教育系统、大中小企业、中介机构等创新主体之间的围墙，更紧密地结合创新链条上各个环节与各个主体。通过促进多元的创新主体融合，促进经济、科技、金融深度融合发展，促进实体经济在新技术的支持下从业态结构到组织形态、从发展理念到商业模式的全方位变革，推进新技术、新业态、新产业快速发展。

畅通机制主要体现在畅通创新要素流动、畅通知识动态共享以及畅通创新成果转化三方面。

第一，畅通创新要素流动。融通创新通过龙头企业的创新引领和产业链聚集效应，构建企业与外部产业伙伴、知识伙伴、创新中介机构、政府机构等多元创新主体合作、共创的高效协同创新网络，能够进一步畅通不同创新要素如资本、技术、人才等在生态圈的流动。

第二，畅通知识动态共享。融通创新有利于畅通知识在不同创新环节、不同创新主体之间的动态共享。要做到知识的动态共享，需要在政府、教育、军队、国防科技企业、大中小型企业、中介机构等各个主体之间建立起信息沟通和共享的平台，通过管理信息系统、供应链管理、产业链协同、联合研发等方式形成多元创新主体之间的信息共享机会和机制，借助信息技术和通信技术的发展来支持多主体之间的知识动态共享。

第三，畅通创新成果转化。创新成果转化不够顺畅是阻碍我国实现创新引领战略的关键因素。融通创新一方面鼓励大型龙头企业以及较大规模的集团企业设立创新创业平台以及技术转移中心，实现与中小企业、初创企业的信息共享、成果转化对接、投融资服务，帮助产业、资本、人才、技术实现无缝对接；另一方面，建立价值共创、创新利益共享的成果转化激励机制，激发不同创新主体创新活力。例如，鼓励高校围绕科技发展、区域经济和社会需求，实现大学和区域的融合创新发展；通过创新创业扶持政策，引导高校师生以"人＋技术＋资本"组合形式持股，与初创企业"捆绑"成为共同利益体，从而有效畅通科技成果转化机制。

腾讯积极发挥大企业的平台优势和资源优势，通过与各个创新主体紧密合作、深度互动，共同创造协同创新价值。比如，腾讯开放平台经过7年的发展，一共成就50家上市公司，注册创业者超过600万，合作伙伴总收益超过300亿元。在创新价值分配方面，腾讯优先考虑的是合作伙伴的利益。比如，2012年1月，腾讯开放平台大幅提高开发者的收益分配比例，对中小开发商的扶持力度很大。对于月度收入在10万元以内的中小开发者，收入100%归开发者；

月度收入在 10 万～100 万元之间的开发者，收益比例上限提升至70%；月度收入在 100 万～1 000 万元的开发者，收益比例为 50%。对于新上线的应用，腾讯还提供为期 3 个月的免费服务器支持。

就融通创新价值实现而言，腾讯一直致力于协助合作伙伴成长为自主的平台和生态，实现多方共赢以及商业价值。比如，借助腾讯的创孵平台——众创空间，腾讯整合了不同创新主体的创新资源，建立了开放合作的创新生态体系，实现了腾讯与外部创新主体的多赢和价值实现。政府通过提供场地、装修资金、运营补贴及支持各项日常活动等方式，能够成功吸引优秀创业团队入驻，孵化出优秀的创业企业，进一步带动当地就业和区域经济发展。对其他合作伙伴（如高校、研究机构、中小企业、第三方服务机构等）而言，通过腾讯众创平台能够对接政府政策和腾讯资源、风险资本、孵化服务以及第三方服务，有利于技术知识的商业化、品牌价值的提升以及股权收益的增加。对初创企业而言，借助腾讯的核心能力扶持、百亿资金、资本体系、培训体系、活动体系等支撑条件，能够大大降低创新成本，提高项目存活率和成功率。腾讯作为融通创新平台的构建者和建筑师，也能进一步提升自身的品牌价值和创新活力，拓宽企业的创新门户，加快外部创意的流入以及协同创新价值的实现。

第七章
新型国家创新体系的构建

　　我国国家创新体系建设的正式探索始于2006年，国家创新系统的完善伴随着国家科技体制改革和国家对外开放的全过程。《国家中长期科学和技术发展规划纲要（2006—2020年）》正式提出建设中国特色国家创新体系的战略。2012年中共中央、国务院印发《关于深化科技体制改革加快国家创新体系建设的意见》，对深化科技体制改革、加快建设国家创新体系提出具体的指导意见。2016年《"十三五"国家科技创新规划》进一步提出建设高效协同的国家创新体系的目标。2017年党的十九大再次强调国家创新体系建设对建设创新型国家意义重大，提出要加强国家创新体系建设，强化战略科技力量，具体内容是"深化科技体制改革，建立以企业为主体、市场为导向、产学研深度融合的技术创新体系，加强对中小企业创新的支持，促进科技成果转化。倡导创新文化，强化知识产权创造、保护、运用。培养造就一大批具有国际水平的战略科技人才、科技领军人才、青年科技人才和高水平创新团队"。为进一步打通科技创新到经济发展的通道，2017 年国务院印发《国家技术转移体系建设方案》，指出"国家技术转移体系是促进科技成果持续产生，推动科技成果扩散、流动、共享、应用并实现经济与社会价值的生态系统"，确立 2020 年基本建成适应新形势的国家技术转移体系，2025年全面建成结构合理、功能完善、体制健全、运行高效的国家技术转移体系的中长期战略目标。

7.1　新型国家创新体系的基本框架

中国国家创新体系建设取得了一系列卓有成效的进展：研发投入占国内生产总值的比重持续上升至 2017 年底的 2.13%，超越欧盟国家的平均水平；科技论文总量在 2016 年超越美国成为世界第一，论文质量和国际影响力不断提高；新增专利申请量在过去 7 年内持续引领全球，现已成为全球新增专利申请主要来源地；在人工智能这一战略性新兴领域的论文和专利数量在 2017 年均达到世界第一，北京于 2018年超过硅谷成为全球人工智能投资活跃度最高的区域。企业研发投入占全社会研发投入比重超过 70%，创新主体的地位日益巩固，涌现出中车、华为、格力、海尔、小米、阿里巴巴、徐工、中集、吉利等一大批国际知名的领军企业。

尽管中国在过去 40 多年里不断推进体制机制改革，完善国家创新体系制度建设，但是原创性、重大基础性研究投入和产出水平仍然较低，产业整体创新能力亟待进一步提升，自主创新能力较弱、技术对外依存度较高（梁正和李代天，2018）。这些问题的背后是国家创新体系中各个创新主体的功能不够明晰、创新主体之间缺少高效协同、科技创新与大众创新创业的融合度较弱、科技体制改革的步伐滞后于创新效率提升的要求等创新环境和激励制度存在的不足。其中国有企业的问题最为突出，集中表现在国有企业与国际一流创新型领军企业相比存在显著的差距，现代企业制度不健全，创新效率损失导致生产效率损失（吴延兵，2012），混合所有制改革推进动力不足（綦好东、郭骏超和朱炜，2017），敢于创新、愿意创新的企业家精神不够显著（宁高宁，2018）。在全球创新的时代，国家、产业和企业竞争不再是单一维度的竞争，而是基于创新生态系统的竞合（赵黎明和冷晓明，2002）。相应地，国家创新体系建设的思路亟须从开放走向基于自主的整合，借助整合式创新这一符合中国历史和国情的创新理论，构建中国特色的新型国家创新体系（陈劲，2018b）。整合式创新理论是战略视野驱动的创新范式，由陈劲等批判性和系统性地回顾当前各国的创新范式及其不足，结合中国特色创新实践而提出（陈劲、尹西明和梅亮，2017）。这一理论强调国家和企业创新生态系统建设必须遵循系统观、统筹观与和平观，实现战略创新、协同创新、全面创新和开放式创新的有机整合。整合式创新理论认为，在新型国家和企业创新生态系统建设过程中，既要避免过度开放导致的核心能力缺失，又要防止过度强调自主而丧失对全球创新资源和机遇的最大化利用。这一思想和中国哲学中的"中道""允执厥中"思想一脉相承，更与中国现代国家治理的制度逻辑相吻合，是具有中国特色、世界意义的管理学新思想（陈劲和尹西明，2019），对建设新型国家创新体系、加快国有企业发展和培育世界一流创新型领军企业具有重要理论与实践价值。

整合式创新的基本内涵是发挥中国哲学和文化中的整体思维、系统思维和全局思维，整合国内集中力量办大事的制度优势和开放共赢的全球资源优势，发挥国有企业在重大科技攻关、重大基础研究领域与战略性新兴产业的创新投入、平台协同和应用领航等方面的角色，强化企业在科技创新中的主体地位，由科研院校与企业组成促进创新的"双引擎"。

结合中国国有企业创新发展面临的内外挑战、机遇与双重使命，基于整合式创新理论，笔者构建了一个高效开放协同的新型国家创新体系的框架（见图 7-1）。以战略视野驱动和引领，着重建设和完

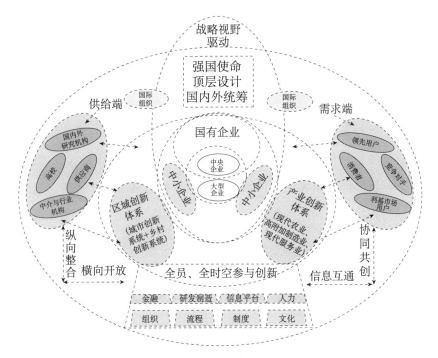

图 7-1　基于整合式创新理论的新型国家创新体系

善强大的基础研究体系，更为科学持续的企业创新体系，具有强大竞争力的产业创新体系，高端协同的区域创新体系，通识教育与学科交叉、相互促进的教育创新体系，以东盟、"一带一路"为代表的跨区域和全球性开放合作体系。区域创新体系需要构建融合、协同发展的城市和乡村创新系统。产业创新体系则需要进一步加强知识密集型和共享共创为特征的现代服务业，数字化、网络化、智能化为特征的高附加制造业，科技赋能的现代农业创新体系。教育创新体系具有先导性和基础性的作用，培育具备企业家精神与家国情怀的新工科人才和具备全球胜任力的战略性管理人才，为国家创新生态体系持续提升注入源源不断的知识与活力。

新型国家创新体系的特色是在强化以企业为核心主体的国家创新体系的基础上，进一步打造以中央企业为龙头、国有企业为主力军、民营企业为生力军，大型企业与中小企业和谐共生，国企民企多维、多领域协同推进三次产业融合发展和区域协调高质量发展的整合创新生态。通过理论创新、战略创新、实践创新、制度创新、文化创新等各方面的创新，强化基于产业链、创新链、资金链、价值链的高效协同整合。在此过程中，要坚持科技创新与大众创业、万众创新协同，国家创新体系与国家技术转移体系同步完善，自主创新与开放式创新相辅相成，政府助推协同创新来进一步强化自主和开放的效果；以自主实现重大突破，以开放调动全员全要素，以产学研用高效协同打通从研究强、科技强到产业强、经济强和国家强的通道。这一新型国家创新生态的建设和完善，需要以国家战略视野引领，通过强国使命、顶层设计来实现国内外统筹整合发展；通过体制机制改革和财税金融政策全面强化企业创新主体地位，激励全社会全员全时空参与创新，充分调动企业和国家创新所需要的金融、人才、信息、流程、制度、文化等全方位的创新要素。

7.2 新型国家创新体系的指导思想

重新审视我国建设创新型国家的两个重要命题——建设科技创新强国和培育世界一流创新领军企业，首先要认清一个重要趋势，即中国的发展进入新时代，从大到强、从高速发展到高质量发展，是新时代发展的方向和特征；核心技术和整合创新能力是高质量发展的重要内涵。

建设新型国家创新体系，必须直面对外开放新阶段的国内外挑战，以习近平新时代中国特色社会主义思想为指导，围绕创新型国家建设和两个"一百年"奋斗目标，全面提升国家创新体系的效能和国际竞争力，加快提升国有企业尤其是中央企业的创新活力和创新效率，形成国有企业和民营企业共生共创，大企业与中小企业高效协同发展的新生态，为建设面向未来的科技创新强国、创造更加美好的世界提供持久的动力源。

1. 党和政府的战略引领 ①

完善和发展中国特色社会主义制度，推进国家治理体系和治理

---

① 本小节内容结合了著者的以下研究成果：《加强公共卫生科研攻关体系和能力建设》，2020 年 4 月 20 日刊发于《光明日报》；《科技创新要坚持以人民为中心》，2019年 5 月 28 日刊发于《经济日报》；《发挥新型举国体制优势》，2019 年 3 月 25 日刊发于《人民日报》；《发挥科技创新对现代化经济体系建设的支撑作用》，2019 年 2 月 11 日刊发于《光明日报》。

能力现代化，是党的十八届三中全会确立的全面深化改革的总目标。党的十九届四中全会进一步研究和明确了这个总目标的若干重大问题，为各领域深化改革指明了方向。党的十九届五中全会指出："强化国家战略科技力量。制定科技强国行动纲要，健全社会主义市场经济条件下新型举国体制，打好关键核心技术攻坚战，提高创新链整体效能。加强基础研究、注重原始创新，优化学科布局和研发布局，推进学科交叉融合，完善共性基础技术供给体系。瞄准人工智能、量子信息、集成电路、生命健康、脑科学、生物育种、空天科技、深地深海等前沿领域，实施一批具有前瞻性、战略性的国家重大科技项目。制定实施战略性科学计划和科学工程，推进科研院所、高校、企业科研力量优化配置和资源共享。推进国家实验室建设，重组国家重点实验室体系。布局建设综合性国家科学中心和区域性创新高地，支持北京、上海、粤港澳大湾区形成国际科技创新中心。构建国家科研论文和科技信息高端交流平台。"

党的十九届五中全会首次具体从任务、领域、目标和举措等方面论述如何强化党和政府引领下的国家战略科技力量，具有重要而深远的意义。科技创新处于国家发展全局的核心位置，推进国家科技治理体系和治理能力现代化，加强党和政府的战略引领，可以从党的领导、举国体制、群众路线、开放包容四个方面重点发力（陈劲和朱子钦，2020）。

2. 坚持和加强党的领导

习近平总书记强调，要坚持和加强党对科技事业的领导。党的十九届四中全会将"坚持和完善党的领导制度体系"列在十三个

"坚持和完善"的第二位。对此，需要把握三个要点。

一是坚持党中央权威和集中统一领导。中国共产党领导是中国特色社会主义最本质的特征，是中国特色社会主义制度的最大优势。党中央集中统一领导，是党的领导的最高原则，是根本政治规矩。推进国家科技治理现代化，必须把政治建设摆在首位，坚持党中央权威和集中统一领导，树牢"四个意识"，坚定"四个自信"，坚决做到"两个维护"。

二是建设总揽全局、协调各方的党的科技领导体系。为了保证党中央的决策部署能够迅速有效地贯彻执行，需要将党的领导体现到科技治理的方方面面，体现到国家政权的机构、体制、制度等的设计、安排、运行之中，一方面要完善中央、各地区和相关部门的科技决策和议事协调机制，保证党中央政令畅通和工作高效，另一方面要统筹设置党政机构，强化党的组织在同级组织中的领导地位，更好发挥党的职能部门作用，实现党对科技事业领导的全覆盖。

三是提高党科学执政、民主执政、依法执政水平。科技领域有很强的专业性，要运用科学思维实施党的领导，建立决策、咨询、执行、评价、监管等各环节职责清晰、协调衔接的治理体系，还要发挥中国特色社会主义民主的优势，促进人民依法参与国家科技治理，汇聚人民智慧，体现人民意志。同时，要继续推进党对科技事业领导的制度化、法治化，坚持在党的领导下依法执政（陈劲和朱子钦，2020）。

3. 贯彻党的群众路线

党的十九大报告将"坚持以人民为中心"确立为新时代坚持和发展中国特色社会主义的基本方略之一，并强调要把党的群众路线贯彻到治国理政全部活动之中。

党的十九届四中全会再次强调要坚持以人民为中心的发展思想。科技创新是引领发展的第一动力。推进国家科技治理现代化，必须坚持以人民为中心，贯彻党的群众路线。首先要在科技创新领域开展深层次的学术理论革新，将"一切为了群众，一切依靠群众，从群众中来，到群众中去"深刻地融入到新时代科技创新理论的所有假设、模型、范式以及研究对象、方法、结论中去，从根本上转变资本主义理论体系中"物竞天择、弱肉强食"的潜在假设和逻辑，扭转科技发展是为了打造霸权地位、集聚个人财富的丛林思维。在此基础上，要旗帜鲜明地确立科技发展是为了人民群众、科技发展要依靠人民群众这两大科技治理的宗旨，坚持科技发展始终维护最广大人民的根本利益，坚持科技成果更多更公平惠及全体人民，充分发挥人民在科技事业中的主体作用，尊重人民首创精神，为了人民干事创业，依靠人民干事创业，确保科技事业始终服务于人的全面发展以及人类社会的可持续发展（陈劲和朱子钦，2019）。

4. 构建开放包容新秩序

党的十八大以来，习近平总书记多次强调要努力建设开放包容的世界。他指出，我们要发挥负责任大国作用，支持广大发展中国家发展，积极参与全球治理体系改革和建设，共同为建设持久和平、普遍安全、共同繁荣、开放包容、清洁美丽的世界而奋斗。

我国首先要做好自己的事，大力发展科学技术，努力成为世界主要科学中心和创新高地，牢牢掌握科技发展的主动权。在此基础上，要深化国际交流合作，深入实施"一带一路"科技创新行动计划，积极牵头组织国际大科学计划和大科学工程，丰富合作内涵、完善合作布局、创新合作机制、做强合作平台、提升合作水平，充分整合知识、技术、人才等全球创新要素，在更高起点上推进自主创新，构建内核强劲、合力强大的全球创新生态系统。应积极参与全球创新治理，从科技创新到市场应用等各个环节全面提升我国在全球创新格局中的位势，提高我国的规则制度制定能力和影响力。无论是传统的科技合作以及与之相关的贸易、金融、科技服务、新兴产业培育、新旧动能转化等方面，还是对发展中国家的科技援助、成果共享等方面，我国都要积极推动构建符合创新规律的开放包容的全球创新治理格局与秩序，为全球科技治理贡献中国智慧，为世界加快推动更高水平开放、推动建设开放型世界经济、推动构建人类命运共同体创造有利条件（陈劲和朱子钦，2019）。

7.3　新型举国体制的支撑作用 [①]

习近平总书记指出，落实创新驱动发展战略，必须把重要领域的科技创新摆在更加突出的地位，实施一批关系国家全局和长远的重大科技项目。他强调，要发挥市场经济条件下新型举国体制优势，集中力量、协同攻关，为攀登战略制高点、提高我国综合竞争力、保障国家安全提供支撑。对此，要从两方面加以落实。

---

① 本小节内容结合了著者的以下研究成果：《关于构建新型国家创新体系的思考》，刊发于《中国科学院院刊》2018 年第 5 期；《将创新贯穿脱贫攻坚全过程》，2020 年 7 月 24 日刊发于《人民日报》；《加强公共卫生科研攻关体系和能力建设》，2020 年 4 月 20 日刊发于《光明日报》。

一是用好集中力量办大事的制度法宝。嫦娥四号成功在月球背面着陆，标志着我国科技实力的不断攀升，也凸显了坚持全国一盘棋，调动各方面积极性，集中力量办大事的显著优势。在基础和前沿科技领域，国家能力是超前布局的根本保障。要更好地发挥政府作用，加强统筹协调，大力开展协同创新，集中力量办大事，抓重大、抓尖端、抓基本，形成推进自主创新的强大合力。

二是发挥企业主体和市场调节的作用。中国持续的创新崛起，一批掌握关键核心技术的科技型企业的集群式崛起是关键。我国的移动通信技术从落后跟随到突破并跑，再到5G领先，得益于通信企业在标准制定、频谱规划、技术试验、基建筹备等多方面的超前布局。国家集中力量进行基础研究、攻关重大课题，企业分散决策实现多元尝试、增加微观活力，就能形成突破关键核心技术的强大体系支撑和创新合力（陈劲，2019a）。

新型举国体制是中国特色社会主义实践过程中的伟大创举，实现了政策引领和战略驱动下自主、协同、开放的系统性整合与有机统一。几十年前，钱学森就提出了组织管理的系统工程思想和经济社会发展总体设计部的构想，强调要用系统思维和整体思维研究和解决问题，为构建和完善新型举国体制提供了重要启示。

2017年，党的十九大报告作出"中国特色社会主义进入了新时代"的重大判断，这意味着我国的科技创新工作也进入了新时代，新时代的科技创新工作出现了新局面。党的十八大以来的五年（2012—2017年），是党和国家发展进程中极不平凡的五年，也是科技创新取得历史性成就、发生历史性变革的五年。在以习近平同志为核心的党中央坚强领导下，在全国科技界和社会各界的共同努力下，我国科技创新持续发力，加速赶超跨越，实现了历史性、整体性、格局性重大变化，重大创新成果竞相涌现，科技实力大幅增强，已成为具有全球影响力的科技大国。党的十九大对科技创新作出了全面系统部署，推动高质量发展、支撑供给侧结构性改革、加快新旧动能转换，对科技创新提出新的更高要求。其关键是必须坚持以习近平新时代中国特色社会主义思想为指导，推动科技创新主动引领经济社会发展，打造经济增长、产业升级、民生改善的内生动力，为质量变革、效率变革、动力变革提供强有力的科技支撑（陈劲，2018a）。

建设世界科技强国，是我国科技创新的重大战略决策，是提高我国科技国际竞争力的战略安排，其主要任务应包括以下三个方面。

第一，迅速提高引领前沿的源头供给能力，在更多领域成为全球创新引领者。全面加强基础研究和应用基础研究，促进自由探索与目标导向结合，自然科学与人文社会科学交叉融合。全面启动实施"科技创新2030－重大项目"，与国家科技重大专项形成梯次接续格局，对重大战略必争领域进行前瞻部署，形成更多创新引领的战略势差。

第二，显著提高产业技术创新能力，加快产业迈向中高端。强化关键共性技术、前沿引领技术、现代工程技术、颠覆性技术创新的系统布局，推进信息、能源、生物、材料等新兴技术领域和产业发展的跨界融合，以数字化、网络化、智能化推动传统产业转型升级，支撑引领新兴产业的集群式发展。

第三，加快提高创新创业的要素聚集能力。以科技型创新创业为主线，以融通发展、高端普惠、国际拓展、生态优化为方向，推动"双创"向更高层次、更优质量、更大效益、更广范围升级发展。完善"众创空间－孵化器－加速器－科技园区"创业孵化链条，推动众创空间朝专业化、市场化方向发展。推动高校、科研院所和龙头骨干企业开放科技资源、转化科技成果，通过开放式创新降低新技术应用门槛，将我国打造成全球创新创业热土。科技强国的核心指标为：①具有自然科学、社会科学和人文学科的理论原创能力，拥有从事高水平、具有转型意义的基础研究和应用基础研究能力；②掌握几乎所有产业（包括农业、制造业、服务业领域）的核心技术，并具备不断开发产业引领技术、新型技术的能力；③在知识产权贸易中处于有利的地位，并拥有一大批世界级的创新型企业。

以乡村振兴为例，党的十八大以来，在党中央坚强领导下，在全党全军全国各族人民共同努力下，我国脱贫攻坚取得决定性成就，脱贫攻坚目标全部完成。但未来的乡村振兴工作困难和挑战依然不少。创新是发展的第一动力。乡村振兴要向创新要动力，发挥创新在乡村振兴中的重要作用，将创新贯穿乡村振兴全过程，激发农村人口创新创业内生动力，提高其创新创业能力。

创新的关键在科技，科技创新在乡村振兴中发挥着重要作用。通过科技创新发展高效精准农业，既可以提高粮食生产能力，也可以更为有效地抵御病虫害、气候变化等风险。长期以来，我国高度重视科学技术对农业生产的作用，树立藏粮于地、藏粮于技理念，用现代科学技术服务农业生产，在育种技术、重大自主品种培育、高效精准栽培、绿色丰产关键技术集成等方面取得了重大突破。

无论推进乡村振兴，还是推进农业农村现代化，都离不开科技创新的推进与科技成果的应用。大数据、人工智能、区块链、生物科技等新兴科技创新成果，可以通过科技下乡、产学研合作等技术转移模式，更广泛、更深入地应用到农村，提升农业生产效率，优化农村物流产业，拓宽发展成果共享的途径。

除了科技创新，还须协同推进商业模式创新、制度创新、教育创新、金融创新等一系列创新，通过全面创新来推进乡村振兴。在商业模式创新方面，近些年，不少互联网企业通过科技创新＋商业模式创新，打造一批农产品线上销售平台，帮助粮农、菜农、果农等与消费者无缝对接，形成农产品网络销售链条，助力乡村振兴。很多农户利用网络平台树立起产品的品牌和口碑，找到了脱贫致富的有效路径。特别是新冠肺炎疫情防控期间，一些线上销售平台开启助农项目，促进解决农畜牧产品滞销问题。今后需从源头上增强农民的数字化运营能力，通过开发更多助农商业模式，为农产品销售拓宽渠道。在制度创新方面，深化农村产权制度改革，完善农业支持保护制度，做好农村整体性和区域协同性政策设计，建立制度、激励、组织和能力相统一的乡村发展模式。在教育创新方面，通过远程教育、职业教育、中外合作办学等方式推动教育教学创新，解决农村地区教育资源存量不足、质量不高等问题，为农村人口和地区提供多样化教育选择。在金融创新方面，实行普惠金融政策，通过应用金融科技和商业模式创新，提升农村地区基础金融服务水平。

充分发挥创新的作用，需要加强顶层设计，将不同领域的创新统筹整合为一套推动乡村振兴的综合创新体系。我国扶贫事业之所以能取得巨大成就，一个很重要的原因就是我们党具有强大的战略规划能力，制定实施一系列中长期扶贫规划，根据实际不断完善减贫方案。要贯彻落实党中央决策部署，整合各方面各领域创新资源和要素，统筹推进各方面创新，实现乡村振兴的目标。

再以公共卫生科研攻关为例，习近平总书记指出，人类同疾病较量最有力的武器就是科学技术，人类战胜大灾大疫离不开科学发展和技术创新。他强调，生命安全和生物安全领域的重大科技成果也是国之重器，疫病防控和公共卫生应急体系是国家战略体系的重要组成部分。因此，必须加快公共卫生科研攻关体系和能力建设，增强公共卫生领域战略科技力量和战略储备能力（陈劲和朱子钦，2020）。

习近平总书记在总结党的十八大以来我国科技事业发展实践时指出："我们坚持党对科技事业的领导，健全党对科技工作的领导体制，发挥党的领导政治优势，深化对创新发展规律、科技管理规律、人才成长规律的认识，抓重大、抓尖端、抓基础，为我国科技事业发展提供了坚强政治保证。"疫病防控和公共卫生领域的科技创新事关人民生命健康、国家安全发展和社会大局稳定，必须坚持和加强党的领导，并将党的领导体现到疫病防控和公共卫生应急体系相关体制机制的设计、安排、运行之中。公共卫生科研攻关要把满足人民对美好生活的向往作为落脚点，把惠民、利民、富民、改善民生作为重要方向。广大科研工作者要紧紧依靠群众，从人民群众的伟大实践中汲取科研动力，把论文写在祖国大地上。

党的十八大以来，以习近平同志为核心的党中央把科技创新摆在国家发展全局的核心位置，对科技创新提出一系列新要求、新部署，树立了科技创新的正确导向。加强公共卫生科研攻关体系和能力建设，要以解决国家和人民实际问题为导向，实施科研评价评估体系改革。习近平总书记指出："要改革科技评价制度，建立以科技创新质量、贡献、绩效为导向的分类评价体系,正确评价科技创新成果的科学价值、技术价值、经济价值、社会价值、文化价值。"在疫情防控的关键时期,习近平总书记明确指出,"要强化科研攻关支撑和服务前方一线救治的部署,坚持临床研究和临床救治协同,让科研成果更多向临床一线倾斜"。集中力量解决国家重大科技需求,需要配套问题导向、目标导向、结果导向的科研评价评估体系。科研主管部门和科研单位需要坚定改革决心,树立正确评价导向,制定相关意见措施,推动科研评价评估体系改革向纵深发展,引导和激励广大科研工作者围绕临床救治和药物、疫苗研发、检测技术和产品、病毒病原学和流行病学、动物模型构建等国家重大科研需求和布局,开展有科学价值的基础研究和有实际效果的应用研究。

第八章
数字化战略的卓越成效^①

突如其来的新冠肺炎疫情清楚地表明，基础设施建设和社会发展的完善是人类生存和发展的必要选择。中国在基础设施建设和社会发展上的大规模投入和建设成果，有助于快速摆脱疫情的影响，逐步恢复经济发展的活力，同时，这也为创新强国的建设提供了坚实的社会基础。其中，基础设施建设中的数字化建设是确保创新活动顺利开展的关键所在。各类资源通过数字化、信息化得到充分利用，全球的经济发展效率和质量大大提升，人类实现物质富足的时代将更早到来。中国为了进一步推动资源互补和资源共创，大力推进数字化发展。通过实体、行为等一切可数字化的信息被充分

① 本章内容结合了著者的以下研究成果:《数字转型、融通创新》，刊发于《清华管理评论》2020 年第 4 期;《数字科技下的创新范式》，刊发于《信息与管理研究》2020 年第 Z1 期。

地数字化，完成信息流动，促进官产学研用深度合作互动，促进多元创新主体的资源融合，建立知识协同共享的创新生态体系，盘活全社会各类创新主体的创新资源，进一步推动国家高质量经济建设。

8.1　数字化改变企业创新逻辑

纵观世界领先企业，我们发现，企业数字化已经成为一个新常态。根据波士顿咨询公司的调查研究，科技型企业在全球市值前十位企业中的比例大幅提升，原生态的数字企业以其特有的优势迫使传统行业数字化转型。近年来，数字化在中国的经济发展中发挥着越来越重要的作用，2017 年，中国数字经济的规模占 GDP 总量的 32.9%（《数字中国建设发展报告（2017 年）》），2018 年这一比例上升至 34.8%（《数字中国建设发展报告（2018 年）》）。

数字科技下，机遇与挑战并存。许多传统行业的企业面临着数字化的挑战，数字化的成熟给企业外部环境和消费者市场都带来了巨大的改变。企业为了适应外部的变化，需要积极进行数字化转型，但转型后的创新体系与原有创新体系的融合与衔接可能存在分歧，如何实现新旧创新模式之间的相互促进与继承发展是企业数字化转型面临的巨大挑战。同时，数字化为传统行业带来了巨大的发展机遇。根据波士顿咨询公司的相关数据，以云计算、大数据为代表的技术将大大提升中国传统制造行业的生产效率，创造 4 万亿～6 万亿元的附加值。尽管目前许多传统行业的企业逐渐认识到数字化带来的发展机遇，但这些非数字原生企业在进行数字化转型战略选择时，往往面临着滞后的创新思维模式与固化的生产运营方式的阻碍，这些企业的数字化转型问题值得研究。数字技术的普及改变了人们的思考方式，也影响了企业运营的基本逻辑。传统的知识积累及创新模式已经不再适应数字经济时代企业创新的需要，我们有必要通过厘清数字化时代企业创新的基本特征来塑造新的创新范式。

数字化的发展离不开数字技术的进步与发展。数字技术是指基于互联网和云技术的一系列技术。数字技术对企业的影响最初仅限于数字原生企业。数字技术的出现及发展催生了一大批数字原生企业，这类企业以发展数字技术起家，致力于推动数字技术的进一步发展。随着数字技术的不断发展与成熟，它对创新的影响不再局限于数字原生企业，更多地与传统行业企业创新结合。数字技术改变了企业生产运营模式，也改变了产品销售流程等，为传统行业的企业带来了较大的机遇与挑战。面对数字技术，许多企业需要革新创新思维，以适应数字化时代的新型创新发展要求。

数字技术给企业创新带来的变化主要体现在两个方面。

1. 数字技术改变消费者的消费逻辑

数字技术可以改善消费者的消费体验，企业可以利用数字技术来提升自己的品牌，利用更具体的数据培养企业的分析能力（Westerman，Bonnet and McAfee，2014）。数字技术改变了消费者参与的时间与空间，在数字技术的支持下，人们的联系方式发生了变化（Berman，2012）。由于数字技术改变了消费者的思维逻辑，人们的思维方式开始发生质的变化，催生了很多不同的市场需求。例如，数字技术为消费者多方面了解市场提供了可能，不完全信息的数量减少，这为企业创新提出了更高的要求。

数字技术驱动的创新往往并非技术本身，更多的是业务模式、用户体验、运营、商业模式及战略的转变（Berman，2012；Westerman，Bonnet and McAfee，2014）。用户体验和商业模式的变化是最为直观的，数字技术通过提供更加便捷的用户界面带来了更好的用户体验。商业模式的变化则体现在由单一的商业模式转变为以线上线下结合为主要特点的商业模式。在数字经济时代，消费者通过交互式移动设备可以迅速了解市场情况，对产品及服务产生新的认知。正是由于消费者市场发生了各种变化，企业必须重新思考消费者的思维模式，调整战略及商业模式以实现数字化转型。企业创新通过实现产业互联网与消费互联网的融合，打通供给端和需求端的通路，进而通过为用户创造价值来实现企业的增长。此外，数字技术为企业的产品、运营流程及组织结构等各个方面都带来了较大的变化，为了管理这些变化，企业需要进行战略上的调整，积极实施数字化转型战略。除了整体上的战略，企业也应制定新的业务战略来配合数字化转型战略的实施，对企业的数字化创新进行有效的管理（Matt，Hess and Benlian，2015）。

2. 数字技术改变企业的创新逻辑

数字技术改变了企业的商业模式及运营流程（Henriette，Feki and Boughzala，2015）。例如，数字技术承担了企业的一些重复性的工作，更利于企业将人力资源集中到创新发展上来。在数字化时代，企业创新需要实现的两件事情分别是重塑客户价值主张和用数字技术改变运营方式，增加企业与客户的互动与协作（Berman，2012）。

基于数字技术给企业和消费者带来的变化，企业纷纷开始探索适应技术环境变化的新型创新模式。随着数字技术的发展，创新范式发生了巨大的变化。许多学者都对数字技术驱动的新型创新模式进行了研究。数字技术在企业创新中起到了重要作用，催生出许多新的企业创新模式。在数字技术的推动下，加速的创新和大爆炸式的创新逐渐打破了创新原有的规则，取代了传统的创新模式。

加速的创新是指重新设计研发和创新过程，使新产品的开发速度更快，成本更低，这种快速、低成本的新产品开发和颠覆性创新的能力是企业维持竞争优势的重要动态能力。数字技术的应用为企业加速创新提供了技术保障，例如，中国企业通过迅速将用户反馈纳入到新产品的设计系统，加快了组织解决问题的速度，加速了创新过程，在此创新过程中，企业必须将用户反馈进行数字化处理，才能从对数据的训练中总结出新产品的创新点，从而利用数字技术将创新过程产业化、流程化，实现数字技术对创新过程的改变。

大爆炸式的创新则是指新进入的创新者最初以质量更佳、成本更优的方式进入市场，尽管不与现存在位者进行直接竞争，但是可以最终实现对在位者的颠覆。大爆炸式的创新以新颖、低成本、快速响应、分布式等特点改变了创新的原有规则。大部分大爆炸式的创新要依托数字技术及其产品。例如，数字图像技术渗透到消费摄影领域，实现了对电影行业的颠覆。一些与数字行业看似无关的行业也面临着数字技术高速发展带来的颠覆，例如，尽管零售行业与数字行业相去甚远，但数字技术在改变着零售行业的运营模式，甚至零售行业必须依托数字技术构建线上购物平台，以弥补线下零售的损失。

8.2　数字技术改变企业创新模式

数字技术为企业创新带来的变化主要体现在对创新速度和创新过程的改变。数字技术大大提升了企业的创新数据积累、创造、存储及应用，从而提升了创新的速度；数字技术在各个领域的渗入改变了传统的创新过程，人工智能等技术在创新方面的应用将企业创新的主体逐渐转变为机器，在一定程度上，机器代替了人创新思考的过程。

面对数字技术驱动的新型创新模式，企业为了适应时代的发展趋势，必须探索新的创新方式。在数字技术驱动之下，企业需要更多整合式思考，培养自身的动态能力，以应对多变的外部创新环境。数字技术改变了人们的思维逻辑，促使企业采用不同的方式来运营和创新。在数字化浪潮中，各行各业的企业都受到了影响，企业开始思考不同于以往的生存方式。除此之外，数字技术催生了众多的新型产业生态，为企业转型提供了更多可能。数字技术包括大数据技术、人工智能技术及区块链技术等多种不同的技术，各种数字技术对企业创新的影响各有不同。

本小节将探索不同的数字技术驱动企业创新的几种主要类型，进一步阐述数字技术为企业创新带来的深层次影响。

1. 数据驱动的创新

消费互联网的大数据分析倒逼企业进行创新。许多企业开始使用大数据技术分析和开发新产品或服务，企业的业绩大幅增长，良好运用数字技术的企业表现一般优于同行业的其他企业。数字技术的使用无疑为企业提高了战略决策的准确性、业务流程的合理性以及产品服务的创新性。

一方面，数据驱动的创新体现在构建企业管理的创新方面，在数字技术的支持下，企业纷纷开始构建智慧企业。智慧企业在实现业务量化的基础上，高度融合信息技术、工业技术及管理技术，实现一种新型的具备自动管理能力的企业组织形态，实现智慧自动研判、自主决策和自我演进。[①] 数据是构建智慧企业的基础，数据是最初的形态，而后逐渐形成信息、知识，最后才上升至智慧。在智慧企业中，需要通过感知、互联、集成、聚合及洞察等方式逐渐实现从数据到智慧的转变，从而最终实现企业的智慧化管理流程。如图 8-1 所示，智慧企业通过对数据的感知及聚合，形成了企业自身的神经系统和大脑，数据通过向信息、知识等的演变，逐渐进化成为企业的智慧能力。这些智慧能力对企业产生了不同程度的影响，最初改变了企业的组织和管理思维，而后帮助企业建立扁平化、平台化生态等灵活的响应机制，提高了企业的组织柔性和响应能力，通过企业的持续变革和演变，最终形成企业的竞争优势。

另一方面，数据驱动的创新体现在业务流程的优化上，以大

---

① 源于著者所承担并撰写的国电大渡河流域水电开发有限公司《智慧企业研究报告》。

数据为基础，企业可以通过数据分析优化业务流程。阿里巴巴金融基于阿里云计算技术刻画了阿里巴巴用户画像，加之每天的巨量数据增长，实现了全程无人工介入的贷款模式。这种建立在大数据基础之上的新型金融模式不仅提高了贷款效率，而且提高了安全性。

图 8-1　基于数据的智慧企业形成过程

数字技术还催生了一系列新的解决方案。例如，浙江大华公司采用云平台创新的方式进行数据驱动的创新，通过构建城市大数据平台，实现智慧城市的解决方案。在海量数据的支持下，企业的智慧解决方案更具实际性和可行性。再如，西门子注意到中国城镇化率近年来显著提升，具有较高的完善基础设施的需求，于是借助数字化的力量打造了智能交通系统和能源管理解决方案，助力中国城市建设和能源管理。

2. 人工智能驱动的创新

人工智能技术的迅速发展对社会的影响主要体现在两个方面，图 8-2 展示了人工智能技术驱动的产业创新生态。

一方面，人工智能行业的发展会催生与其自身发展相关的产业，并促进上下游企业的创新发展。近年来我国人工智能产业迅速发展，还带动了与其密切相关的芯片行业及下游的机器人行业等迅速

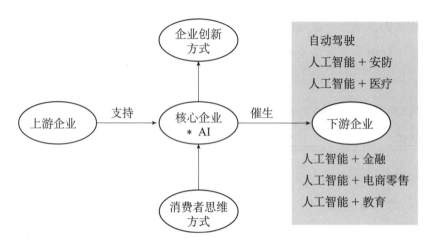

图 8-2 人工智能驱动的产业创新生态

发展。另一方面，不同于传统的新型行业，人工智能技术对企业创新还有更为广泛的影响。基于人工智能的创新可能会改变企业提供的一系列产品及服务的特性，对生产、就业等产生影响（Cockburn，Henderson and Stern，2018）。企业可以利用人工智能技术改变生产运营流程，例如，DeepMind 被谷歌用于改善运营成本，DeepMind 实现了根据外部环境改变数据中心运行参数的功能，为谷歌提高了电能利用率，大大节约了企业的能耗成本。人工智能技术还催生了新的产品及服务。以人工智能在医疗领域的应用来看，人工智能主要可以基于对大量数据的训练，得出对病例较为准确的判断及诊疗方案。同样以 DeepMind 为例，DeepMind 积极探索跨行业的实际应用，致力于利用人工智能技术为人类社会作出实际的贡献，应用人工智能改变原有的医疗诊断流程。近年来人工智能的发展逐渐实现了跨领域融合，为传统行业的发展赋予了新的动力。人工智能技术是新一代产业变革的重要推动力，各个传统行业都应积极探索人工智能技术的深度应用。如图 8-2 所示，人工智能技术改变了消费者思维方式，产品及服务呈现出无限的可能性，进一步激发了消费者的深层次需求。企业的创新方式也发生了变化，人工智能可能改变创新过程本身（Cockburn，Henderson and Stern，2018），即创新的思维方式及规则被完全打破，传统的创新流程被打破，企业可以利用人工智能技术对原有创新数据进行训练，企业创新过程将实现自动化和流程化。人工智能驱动的创新所带来的挑战不容忽视，企业不能再坚持传统的内部创新模式，应该注重促进群体间的协作创新，积极构建连接产业链上下游及用户群体的新型创新生态，缩短创新周期，降低创新成本，以应对人工智能技术给企业创新带来的挑战。

3. 区块链技术驱动的创新

在数字化时代，企业创新呈现出新的发展趋势，企业创新发展对数据的依赖性越来越大，创新周期缩短，创新过程更具合作性与包容性（Paunov and Planes-Satorra，2019）。数字技术的兴起与发展使得企业的创新主体发生了改变。熊彼特范式下的生产者创新逐渐转向用户创新（von Hippel，2016）。在原有的生产者创新模式下，企业创新的主体是企业中的专业人员，随着社会的不断发展与需求的不断变化，由生产者主导的创新不能及时满足消费者的需要，用户创新这种以消费端为主的创新方式被纳入企业的创新体系之中，数字技术则为企业及时收集用户数据提供了基本的技术支持。在用户创新思维指导下和数字技术保障下，企业开始践行开放式创新（Vanhaverbeke and Cloodt，2006）。开放式创新聚集了企业内外部的创新资源，为企业创新发展服务。开放式创新是现代的开放式社会中企业为生存发展所必须开展的创新模式。同时，开放式创新也有其不可避免的弊端。如何处理开放式创新与自主创新的知识产权之间的关系，如何管理开放式创新系统中创新资源的调配，以及如何实现对开放式创新系统中各创新主体的有效管理等都是企业开放式创新所必须面对的问题。解决企业用户创新和开放式创新实践过程中一系列问题的核心便是解决信用问题。区块链技术的去中心化、开放性、自治性、安全性、可追溯性，加强了创新过程中的信用保障，进一步推动数据驱动的创新和发展。区块链技术对于建设开放式创新意义重大，在新型的开放式创新体系下，区块链技术完美地解决了创新社区中的创新产权保护问题，缓解了搭便车问题，为维基式创新社区的发展提供了技术保障。海尔集团是中国践行开放式创新较早的企业，为了更好地进行开放式创新，海尔构建了 HOPE，用来统筹规划，将用户需求与技术、创意相匹配，发展全球用户和全球资源交互、线上与线下结合的创新模式。为促进产业链上下游的协作创新，海尔还构建了工业互联网平台，充分发挥区块链技术的优势，拓展与其他行业的合作，构建了新型创新体系。区块链技术改变了企业的传统创新模式，在区块链技术的支持下，创新主体越来越分散，用户创新模式和开放式创新模式下的创新更加具有可追溯性，协作创新和社区创新成为企业创新发展的新方向。此外，区块链技术还改变了产品和服务的质量。区块链在食品行业的应用充分体现了其技术的先进性。近年来，食品安全问题频发，消费者与食品行业企业之间产生了信任危机，区块链技术与食品行业的融合为消费者提供了一个安全放心的新型产品，也为食品安全治理提供了更加开放透明、可追溯的数据。区块链技术与传统行业的融合也创造了更好的消费体验，随着消费者的需求日益多元化，企业更需要全方位的产品创新。海尔将区块链技术应用在服装行业，构建了衣物溯源系统，将产品从原料、加工、生产到销售的全过程展现在用户面前，满足了当代消费者对高质量的要求。

8.3　数字技术驱动新型创新范式

在数字经济时代，供应链的上下游企业进行了深层次融合，形成了新的产业生态。在新的创新生态中，不同的数字技术发挥着不同的作用。人工智能技术驱动的创新是深度创新，具有较强的独占性；区块链技术则助力广度创新，构建了更好的信用机制和激励机制，便于企业拓宽创新的边界；数据和云技术则为上述两种创新提供了基础设施。无论是人工智能技术还是区块链技术在企业创新中的应用，都离不开大量数据及数据计算的支持。

1. 数字技术下的创新价值

创新的最终目的在于创造价值，数字技术驱动的创新也必须落脚到价值创造上，才能体现数字技术的意义。随着企业不断增长扩大，追求效率和利益的导向逐渐转变为创造价值和财富的发展导向，人们越来越注重真正意义上的财富，企业创新必须要与消费者的价值需求相契合，华而不实的创新将逐渐减少，取而代之的是符合人类社会发展大趋势的能够为消费者创造意义的创新，这样的创新将逐渐占据主要地位。数字技术驱动的创新有利于企业创造更多的经济价值。数字技术的广泛使用打破了企业原有的创新模式，改变了传统的创新轨迹，使得企业创新更有效率。数字技术从各个角度促进了企业经济价值的增长。大数据技术改变了企业的信息收集方式，企业能够更全面地了解市场以及竞争者，也为企业获取外部环境变化数据提供了技术支持。人工智能技术改变了传统的以人为创新主体的创新模式，在大数据的基础上，借助技术的力量进行主动的创新，大大缩短了企业创新周期，提高了企业适应外部多变环境的动态能力，为企业带来了更多的经济利润。区块链技术保护了企业在经济全球化网络中的知识产权，也为企业积极探索开放式创新提供了保障，在区块链技术的支持下，企业可以更好地加强内外部的交流与合作。数字技术驱动的创新可以从很多方面为用户创造价值。其一，数字技术可以为用户提供更便捷的操作界面，改善用户体验。例如，一些公司尝试让客户享受更为轻松便捷的生活，通过数字插件简化用户的购物流程；银行开发电子柜员系统，为客户办理业务省去了很多烦琐的程序。其二，数字技术的采用便于企业及时地收集用户数据，全面掌握用户的需求，使企业创新更符合用户的实际需求。例如，海尔的开放式创新平台记录了很多用户的个性化需求，实现了更适合消费者的企业创新。

2. 用户创新与开放式创新

数字技术改变了人们的思维方式，创新模式也随之发生了变化。

数字技术赋予消费者更多的自主权，消费者的多样化需求得到极大的激发，生产者主导的创新已经不再符合现代消费市场对创新的要求，随之而来的便是向用户创新转变。生产者主导的创新往往是以盈利为目的，创新者与创新的使用者之间缺乏良好的沟通，这种生产者主导的创新无法很好地与消费者的需求相契合。生产者主导的创新往往较为单一，很难实现创新的多元化。用户创新的模式则将消费端的创新提到前所未有的高度，对于企业而言，用户创新无疑在增加企业创新来源的同时，大大降低了企业创新的成本。但是传统的用户创新仍然属于企业范畴之内的创新，无法很好地实现企业的开放式创新发展。数字技术驱动了以开放为核心的用户创新模式，为企业搭建开放式用户创新平台提供了技术基础，数字技术驱动的企业创新模式变化如图 8-3 所示。

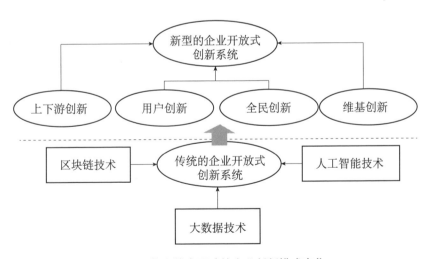

图 8-3　数字技术驱动的企业创新模式变化

　　数字技术的兴起既为企业的开放式创新提供了平台，又为更广泛的全民创新在企业中的应用提供了保障。全民创新是指由大众参与的、通过开放协作社群进行创新的模式。全民创新的引入为企业的开放式创新系统赋予了能量，提供了更广范围的、更符合市场需求的创新思路，既提升了企业的创新水平，又节约了企业的创新成本。在数字技术的推动下，企业与企业、企业与用户、用户与用户之间的关系得到了重塑，开放式创新、用户创新和全民创新成为新一代的创新模式。数字技术的应用极大地改变了原有的创新模式，企业不能单纯依赖原有的内部创新模式而应该积极构建新型的创新生态，在此基础上进行整合式创新。

3. 平台商业模式与创新生态

数字技术为平台的兴起提供了必要条件，促进了平台商业模式的发展。平台商业模式为供应商和消费者等多个群体提供了一个公平交易、交换意见的环境，平台参与者之间的联系和交互又促进了平台的进一步发展，平台为所有的参与者提供了一个共存生态系统（Kim，2016）。平台商业模式和创新生态是数字技术迅速发展的产物，无论对其发起者还是参与者而言，都具有重要的意义。对于平台发起者（企业）而言，平台商业模式有助于企业构建坚实的进入壁垒，一旦企业构建起较为完善的平台，将很难被外部摧毁。数字平台的构建对于平台发起者而言，除了形成网络效应和多边市场之外，还可以帮助其更好地实现对品牌、产品及服务的监管。对于平台上的参与者而言，许多中小企业可以在平台生态中获取更多的战略资源，以较低的成本实现与上下游企业的联系。此外，这一新兴的创新范式将用户创新提到了新的高度。平台的参与者都是平台发起者的用户，这些用户既是平台的使用者，又是平台得以正常运行的重要组成部分。平台上的用户不断增加，从而形成了基于各用户利益而存在的创新生态，有利于平台上各个参与者实现协同创新与发展。除此之外，有些平台的构建催生了更多用户创新创业模式，例如，基于数字技术为大众带来的更为便捷的拍摄和视频技术，快手短视频平台为农村人口提供了一个新兴的创业机会，更好地实现了农村创业的包容性创新增长（邢小强、周平录和张订等，2019）。在数字化时代，企业必须充分重视数字平台及新型创新生态对企业可能产生的影响，积极调整自身战略，加快融入数字平台创新生态。

数字技术为企业带来了巨大的挑战，企业应当积极采取措施，以适应数字化时代的创新发展需求。由于数字技术不仅会影响企业的产品，而且会影响企业创新的过程（Svahn，Mathiassen and Lindgren，2017），企业应该结合自身的创新能力，积极培育新的创新能力，避免原有创新能力的刚性影响到新型创新能力的培养。数字化战略实现了从量变到质变的发展，因此需要新的理论来进行解释（Ross，Beath and Sebastian，2017）。通过对数字技术带来的创新类型的总结可以发现，不同的数字技术在企业创新过程中发挥着不同的作用。以数据和云计算为主的数字技术构成了企业新型创新模式的基础；以人工智能技术为主的数字技术改变了创新的过程，在数据和云计算基础上，人工智能改变了传统的人机关系，创新过程更加自动化和智能化；以区块链技术为主的数字技术则为上述创新保驾护航，以其开放性和可追溯性为企业进一步拓宽创新边界提供了保障。数字技术为企业创新带来的一个基本变化是创新主体的改变，具体来说，从以生产者为主体的创新范式逐渐转变为以消费者为主体的创新范式。数字技术进一步促进了企业开放式创新系统的构建，催生了更多数字平台商业模式，为消费者融入企业的创新过程提供了条件。数字技术下的创新范式，无论是用户创新、开放式创新还是平台生态系统，都对消费者的创新及消费者的利益进行了强调。企业创新不再仅仅关注企业价值的创造，消费者的利益诉求成为一个重要的关注点。数字技术改变了企业创新的原有模式，帮助企业实现更高质量的创新。基于数字技术带来的创新类型及创新范式改变，提出如下建议：①形成智慧组织。面对数字技术带来的复杂多变的市场环境和企业创新环境，企业应该集中力量打造智慧组织，以实现对企业内外部环境的全面感知和准确决策。智慧组织通过对现代信息技术的熟练应用，实现知识管理及运营的全过程管理，整合企业内外部资源，全面提升企业的动态能力，以适应数字化时代多元化的外部环境。②构建创新大脑。借助数字技术的高速智能化，企业应该构建以大数据、云计算和人工智能等数字技术为基本元素的新型创新大脑，改变过去的人机关系，实现机器的自主思考。在数据层面的深度感知的基础上，进行高能处理和自主学习，从而创造知识、科学决策。③打造无边界创新。互联网和数字技术拓宽了企业的边界，企业应该打破原来的封闭式创新，深入发展用户创新与开放式创新，积极融入创新生态系统。进一步关注创新主体更为广泛的维基式创新和全民创新，逐渐打破企业创新的边界，打造无边界的创新模式。

第九章
教育发展的
智慧源泉

当前，世界处于百年未有之大变局，新一轮科技革命和产业变革迅猛发展，大国战略博弈全面加剧。2020年，突如其来的新冠肺炎疫情更是成了催化剂，不仅强化了国际形势业已显现的若干趋势，加剧了国际关系中既有的各种矛盾，而且给国际环境带来了更多的不确定因素，使全球面临更多的风险和挑战。为了把握重要战略发展机遇期，以习近平同志为核心的党中央深刻洞察国内外发展大势，对加强国家创新体系建设作出一系列重大决策部署，特别指出人才培养和教育创新。

9.1 中国高等教育提供科技人力资源

习近平总书记指出："只有培养出一流人才的高校，才能够成为世界一流大学。……必须牢牢抓住全面提高人才培养能力这个核心点，并以此来带动高校其他工作。"北京大学结合重点科研基地在重大科技创新、项目组织、人才团队建设方面的实际情况和现实问题，于 2019 年出台了《关于加强北京大学理工科重点科研创新基地建设的若干措施》（以下简称《若干措施》）、《北京大学加强理工科专职研究人员队伍建设试点方案》等系列措施。系列措施除了明确学校各部门、院系、国重负责人等各级责任和义务外，还配合北京大学"双一流"建设、人事体制改革、基地创新激励政策等利好政策，明确将现有的国家重点实验室打造成北京大学科研创新的核心基地。《若干措施》从加大资源配置保障、强化国重"实体"责任两方面推动国重实体化建设，为国家重点实验室有效组织和承接国家重大科技任务、进一步发挥国家战略科技力量作用提供政策支持。在加大资源配置保障方面，对国家重点实验室等重点科研基地引进优秀人才、加强专职科研人员队伍建设、开展自主选题研究和科研空间使用等给予一定资金支持和政策倾斜。在人才队伍建设方面，教研系列的教师可以由院系和国家重点实验室共聘，其主要的人事关系落在院系，同时，国家重点实验室可以有相对独立的研究系列编制或专职研究人员。

图 9-1 显示的是我国 2003—2018 年高等教育机构情况，可以看

出，普通高等学校数、研究生培养机构数呈现较为稳定的趋势，成
人高等学校数和民办的其他高等教育机构数有所下降。其实，民办
高等教育是中国高等教育的一个重要组成部分，它为中国教育的改
革和发展提供了宝贵的经验，也为经济建设和社会发展培养了一部
分适用人才。然而，随着中国高等教育事业的进一步发展，民办高
等教育在基建用地、经费水平、教学设施和教育经验等办学条件方
面与公办教育具有较大的差异，达标率较低，因此在公办高校加大
潜力挖掘、扩大招生以后，民办高等教育的发展逐渐趋于稳定并有
所缩减。

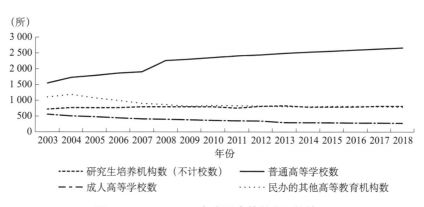

图 9-1　2003—2018 年中国高等教育机构情况

资料来源：教育部，国家统计局．

　　如表 9-1 所示，2004—2019 年中国本科教育教职工人数增加，
专任教师人数较快增长。这说明在中国本科教育领域，从事教学科
研的人员在快速增加，本科教育总体发展趋势良好。

表 9-1　2004—2019 年中国本科教育发展情况

年份	教职工数（人）	专任教师数（人）
2004	1 137 005	575 334
2005	1 197 846	630 010
2006	1 249 028	677 056
2007	1 292 872	717 173
2008	1 473 856	856 040
2009	1 512 099	896 013
2010	1 548 043	935 493
2011	1 585 694	976 937
2012	1 627 642	1 013 957
2013	1 657 517	1 055 036
2014	1 703 121	1 091 654
2015	1 727 571	1 116 372
2016	1 750 614	1 134 030
2017	1 772 342	1 150 467
2018	1 800 964	1 174 334
2019	1 866 619	1 225 310

资料来源：教育部，国家统计局.

图 9-2 显示的是我国 2003—2018 年高等教育招生情况，2015 年以后，各种类型的高等教育招生人数都呈现增长趋势，中国高等教育生源的规模进一步扩大。其中，普通本科、专科生招生数逐年增长，研究生招生数也有所增长。从 2015 年开始，网络本科和专科生招生数、成人本科和专科生招生数经过几年的下降和调整后呈现较大幅度的增长。

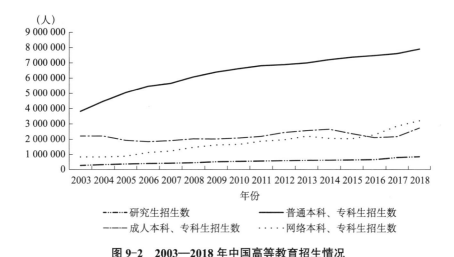

图 9-2　2003—2018 年中国高等教育招生情况

资料来源：教育部，国家统计局．

9.2　中国高职教育提升中国劳动力发展

　　高职教育的发展有利于提升我国劳动力的综合素质，满足国家产业结构优化和升级的需要，提升我国的城镇化建设质量，推动国民经济和社会可持续健康发展。经济的可持续发展又为城镇创造出更多的就业空间，进而对高等职业教育的规模和质量提出了更高的要求，促进了高职教育向更高水平发展。可以看出，国家经济的发展和高职教育的发展是一种积极的、良性的互动关系。对于个人而言，拥有一项职业技能，就有了就业和收入增加的希望；对于国家而言，当大量劳动力拥有了专业化的技能，经济发展就有了坚实的人力资源基础，具备了经济发展潜力。

　　高等职业教育对于现代产业体系的建设具有重要的促进作用。

目前，我国的产业在基础材料、工艺、零部件和软件设计上能力依然薄弱，在产业链当中处于中低端。这一现状的一个重要原因是我国产业工人的整体素质较低，技术和技能水平不高，国家发展急需拥有高级技能的专门人才和一大批高素质的劳动者，中国高职教育的发展对于中国现代产业发展具有重要的作用。

图 9-3 显示了 1998—2018 年中国高职（专科）院校数量情况，表 9-2 显示了 2004—2019 年高职（专科）院校教职工人数和专任教师人数。可以看出，从 2004 年至今一直呈现稳定增长的趋势。高等职业教育院校和专科教育院校一直是培养工匠人才的重要机构，对于提升普通劳动者技能水平和基本素质具有关键作用，国家需要重视培养和吸引高等职业教育和专科教育的专任教师，还需要关注教师队伍的留存问题，保证职业教育和专科教育的教职工人数和专任教师人数保持稳定，为培养高素质技术工人奠定基础。

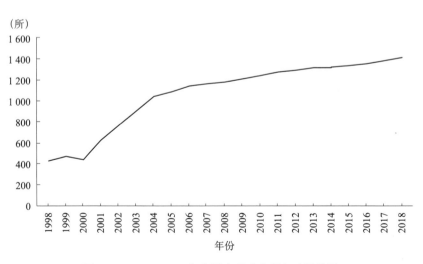

图 9-3　1998—2018 年中国高职（专科）院校数量

资料来源：教育部，国家统计局．

表 9-2　2004—2019 年中国高职（专科）院校教职工人数和专任教师人数

年份	教职工数（人）	专任教师数（人）
2004	403 616	237 654
2005	439 967	267 855
2006	501 397	316 299
2007	542 382	354 817
2008	570 651	377 137
2009	592 918	395 016
2010	603 201	404 098
2011	614 717	412 624
2012	622 425	423 381
2013	630 044	436 561
2014	625 017	438 300
2015	639 281	454 576
2016	652 580	466 934
2017	669 521	482 070
2018	685 266	497 682
2019	699 400	514 436

资料来源：教育部，国家统计局.

图 9-4 显示的是 1998—2018 年中国高职（专科）院校校均规模，从 2009 年以来院校规模稳定发展，目前已经达到校均规模 6 000 人以上。

（人）

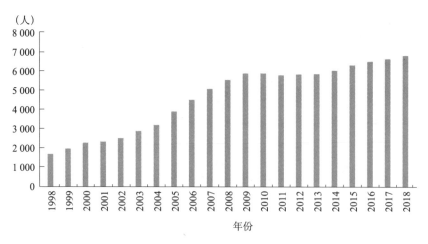

图 9-4　1998—2018 年中国高职（专科）院校校均规模

资料来源：教育部，国家统计局．

　　图 9-5 显示的是 2003—2019 年中国各个级别高职（专科）院校数量。从总体上看，高职（专科）院校的数量呈现稳定增长，中央部门高职（专科）院校的数量有所下降，地方对于高职教育的重视程度不断提高，地方主导建立的高职（专科）院校的数量有所增加。

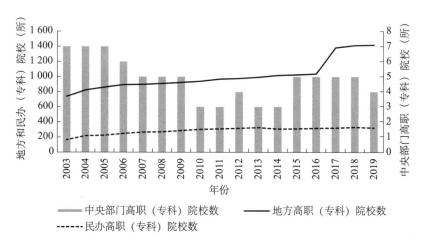

图 9-5　2003—2019 年中国各个级别高职（专科）院校数量

资料来源：教育部，国家统计局．

第十章

中华传统文化的
创新渊源^①

中华传统文化与西方文化之争一度被视为古今之争、旧新之争，中华文化被视为过时的、陈旧的、腐朽的，尤其是从清末开始社会达尔文主义席卷中国知识分子的心灵世界以来，中华传统文化被视为终究要被历史淘汰的落后文化。现代化源自欧洲，工业革命塑造了称霸世界、所向披靡的欧美，欧美的现代化之路成为榜样，乃至成为唯一的标准。在此意义上，现代化首先是西方性的现代化，乃至现代化就等同于西方化。人们在很长的时间里都认为现代化过程具有唯一的、同一的模式，那就是欧美模式。然而，中华传统文化具有历史悠久的创新渊源，历史沉淀下的创新因素亟待科技史学

---

① 本章内容结合了著者的以下研究成果：《中华传统文化中的创新因素与第四代管理学》，刊发于《科研管理》2019 年第 8 期。

和科技管理工作者进一步深入挖掘。时代不断发展，需要我们去回顾和追溯中华传统文化留给华夏子孙的宝贵精神财富，中华传统文化当中的传统思维方式、传统理念与信仰、传统组织与制度、传统器物与科技中都包含了创新因素，为当代创新驱动发展和创新强国的建设提供了丰富的历史文化支撑，也塑造着中国特色的创新文化底色。

10.1 时代发展中的中华传统文化

中国人面对西学东渐、西器东征，可以说是一步一步地知道了自己的不足。梁启超所撰《五十年中国进化概论》[①]便简明扼要地总结了面对西方文明的冲击中国人从器物到制度到文化的逐步自我革新的历程："第一期，先从器物上感觉不足……于是福建船政学堂上海制造局等等渐次设立起来。但这一期内，思想界受的影响很少……第二期，是从制度上感觉不足。自从和日本打了一个败仗下来，国内有心人，真像睡梦中着了一个霹雳。因想道堂堂中国为什么衰败到这田地，都为的是政制不良，所以拿'变法维新'做一面大旗，在社会上开始运动……第三期，便是从文化根本上感觉不足。第二期所经过时间，比较的很长——从甲午战役起到民国六七年间止。约二十年的中间，政治界虽变迁很大，思想界只能算同一个色彩。简单说：这二十年间，都是觉得我们政治、法律等等，远不如人，恨不得把人家的组织形式，一件件搬进来，以为能够这样，万

---

① 原载于 1923 年申报馆印行的《最近之五十年》。

事都有办法了。革命成功将近十年，所希望的件件都落空，渐渐有点废然思返。觉得社会文化是整套的，要拿旧心理运用新制度，决计不可能，渐渐要求全人格的觉悟"（洪治纲，2003）。可以说，在器物、制度和文化根本上，中国比起西方都"感觉不足"，梁启超的这种观点成为近现代中国的主流认识。

民国以来也有少数学者孤明先发，提出了中西文化之别是类型之别、中华文化也有自身不可抹灭的价值的观点。杜亚泉认为"盖吾人意见，以为西洋文明与吾国固有之文明，乃性质之异，而非程度之差；而吾国固有之文明，正足以救西洋文明之弊，济西洋文明之穷者。西洋文明，浓郁如酒，吾国文明，淡泊如水；西洋文明，腴美如肉，吾国文明，粗粝如蔬，而中酒与肉之毒者，则当以水及蔬疗之也"（施亚西和田建业，2016）。梁漱溟先生的《东西文化及其哲学》更是当时阐明中西文化是类型之别的代表之作，他认为文化不过是人们生活的样法，这个生活的样法之形成，其实在于所谓的"意欲"（Will）。根据对不同意欲类型的划分，他指出了东西文化的不同发展路径：西方是意欲向前要求，中国是意欲调和持中，印度是意欲反身向后以求。西方文化的胜利，不过是因为其适应了人类目前征服自然的需要；当人类面临的问题转移，征服自然的路走过之后，世界未来文化就是中国文化的复兴。

新中国成立以来，随着学界对文化学的研究进一步深入，中华民族的和平崛起，华人文化认同和文化自信的逐渐增强，西方学界越来越正视中国现代化之路的正面意义，中西文化之别逐渐被视为类型之别（陈引驰，2005）。中西所属的文化类型虽然有别，但都可以对未来的社会和时代有自己的创造性转化和创新性发展的价值。

换句话说，现代化的模式并不是单一的，可以是多元的。杜维明便指出："现代化进程本身是由根源于各种特定传统的各类文化形式定型的"（Weiming，2000）。

中华传统文化在新时代的创造性转化和创新性发展，首先得基于对传统文化中的创新因素的发掘和分析。然而，受中西文化是旧新文化这一片面观点的影响，当下依然有许多学者认为中华传统文化对创新起着阻碍作用。吴海江认为中华传统文化实用理性的文化心理结构、经世致用的学术价值观、中庸之道的思维方式对整个民族精神创造力有负面影响（吴海江，2004）。汤晓蒙认为中华传统文化对创新型人才的培养起着负面影响。中华传统文化对培养创新人才的负面影响表现为逻辑上的递进过程，由家庭对个体的极权笼罩，到个体的自我压缩，再到个体的不发展，最终由集体的铲平主义完成了中华传统文化对个体完善人格与创新能力的抹杀（汤晓蒙，2009）。周忠和虽然认为延续了五千多年的古老文化中有很多的精华值得我们继承和发扬光大，但也不得不承认传统文化中一直存在着对等级、身份、权威的过分迷信而缺少质疑权威和冒险的精神；延续了一千多年的科举制度无疑有其积极的意义，但同时也扼杀了人们对自然规律探索的兴趣（周忠和，2015）。李贞贞、罗玉云认为传统文化心理如人情观、面子观、尚和心态等对今天的科技创新有巨大的推动作用（李贞贞和罗玉云，2010）。张广才也认为要正视中华传统文化对人们创新精神的负面影响，中华传统文化"向后看"的思想和思维方式使人们习惯于从历史的角度去寻找解决问题的答案，中国人对传统文化的优越感使中国人不易接受外来的思想文化和新生事物而导致思想观念保守落后，中华传统文化中过分追求稳定、平衡的倾向导致人们冒险、创新精神缺失，中华传统文化过于推崇权威，使人们不敢怀疑和超越前人，传统人生哲学"内敛"式的修养方法不利于人们创新精神的培养，中国人知足常乐的生活态度使人容易满足于现状而缺乏进取精神（张广才，2010）。

实际上随着中国的和平崛起以及华人文化自信的增强，越来越多的国内外人士都肯定中华传统文化中的创新禀赋，越来越重视发掘中华传统文化中的创新因素。习近平精辟透彻地指出："创新是民族进步的灵魂，是一个国家兴旺发达的不竭源泉，也是中华民族最深沉的民族禀赋"（中共中央文献研究室，2014）。熊彼特（Schumpeter）关于创新的一个基本定义是"凡是能改变已有资源创造财富的潜力的行为就是创新行为"（李劲，2011）。按照这个定义，中华传统文化里有许多发明、创造乃至理念、创意其实并不能称为创新。然而，放在当今乃至未来看，中华文明所积淀的许多发明、创造乃至理念、创意，却有可能成为提升创新能力的创新因素，推动中华传统智慧成为当今及未来时代的价值和财富。

中美贸易纷争是两种不同类型文化的一次深刻碰撞，是东西两大文明体系的深度竞争以及合作与交融。如果这种纷争乃至对抗最终不走向零和博弈甚至相互毁灭，那么这两大文明体系中对未来时代有创新价值和积极意义的因素必将更好地互补与交融。无论是基于文明冲突与交融的时代背景，还是基于"道路自信、制度自信、理论自信、文化自信"四个自信理念下对中国现代化之路的探索，对中华传统文化中能够提升创新能力、有益于时代社会的创新因素进行分析、发掘都具有重大意义。

也有些学者较为辩证地看待传统文化对创新的消极和积极影响，

在指出传统文化对创新的消极作用时也看到了传统文化对创新产生的积极影响。冯之俊认为中华传统文化中包含着积极进取、自强不息的创新精神，包含着重视整体思维、讲究综合创新的精神，包含着孜孜不倦、勇于开拓的创新精神，但对创新精神又有负面影响，长期农业社会的存在、传统文化中的保守倾向、科举制度、封建君主专制统治的桎梏都压抑了创新的精神（冯之俊，2000）。常建坤认为传统文化对企业家创新精神的正面影响要小于西方文化，但是在创新四要素中，中国文化在企业家网络的构建这一要素中具有积极意义，这可能是由于中国文化强调"和合"思想；风险偏好、机会识别、动态创新这三个要素中中国文化更多地起负面作用，这与中国文化的中庸思想有关。与中国文化不同，西方文化强调个人主义，更富进取心，直接导致其风险偏好、机会识别和动态创新意识都较强，但企业家网络联系较弱（常建坤，2006）。周家洪认为传统文化中"生生日新""自强不息"的思想、直觉思维、崇尚谋略等对创新有积极影响，封建君主专制思想、伦理纲常、保守性、追求"同一"、特殊的思维方式等对创新有消极影响（周家洪，2002）。吴以桥认为我国传统文化中包含丰富的利于创新的内涵，如自强不息、积极进取的精神，孜孜不倦、勇于创新的精神，孟子"尽信书，则不如无书"的怀疑精神等，但从某种意义上说我国传统文化中的诸多内容是抑制创新的，表现为：主流文化并不鼓励技术创新；作为文化传承主要载体的教育不能为创新提供有效支撑，科举考试内容很少涉及生产和科学知识；"学而优则仕"的价值观改变着人们的心向等（吴以桥，2009）。朱华桂、肖玮从创新精神、创新理念、创新实践、存疑态度、"学""问"精神和社会革新精神与实践等角度总结归纳了中华传统文化在创新领域的积极要素，从政治体制、经济体制、社会思想意识和人才培养机制层面阐释了中华传统文化对科技创新的负面效应（朱华桂和肖玮，2014）。邓旭霞、欧庭高认为中华传统文化"重人伦"的思想为科技创新文化"以人为本"的核心观念做了很好的文化铺垫，中华传统文化主张自强不息、勤奋刻苦、刚健有为、鞠躬尽瘁的精神可以形塑科技创新主体勇攀高峰、不畏挫折的奋斗品质，中华传统文化所蕴含的巨大凝聚力可以提高科技创新主体的向心力和凝聚力，中华传统文化重视道德教化作用的思想有利于科技创新价值观、道德观的建立以及良好的科技创新风气的形成，中华传统文化重视整体、讲究综合创新的特色契合于当代自然科学整体化、综合化、系统化的发展趋势；但是中华传统文化中的保守倾向、崇尚的中庸之道、等级森严的礼教制度、重官轻民和重文轻技的思想、重群体轻个体的思想都不利于科技创新（邓旭霞和欧庭高，2007）。雷宏振、韩娜娜认为中华传统文化表现出注重伦理约束、强调和谐统一与稳定、以人为本以及刚健有为等明显的官僚性和支撑性文化特征，这些特征有利于中国企业的守成与合作创新活动，有利于渐进式创新，但不利于突变式创新和个体创新能力的激发，因此，需要进行文化创新（雷宏振和韩娜娜，2005）。杜永认为中华传统文化中的重器论思想对科技创新有动力作用，可以成为应用科学的文化动力因子，和为贵的人和思想对科技团队有培育作用，可以成为科技创新团队的文化合力因子，权变思想对科技创新意识有培养作用，可以成为科技创新意识形成的文化创新意识因子，齐家治国的家国思想对科技人才有集聚作用，可以成为科技人才的文化磁石因子；但是重器论思想在推动应用科学研究的同时阻碍了基础学科的理论研究，中庸思想对科学理论探索有文化阻力，中央之国的民族自大情怀造成了科技传播闸门而阻碍了向西方文明学习等（杜永，2007）。

还有一些学者比较积极地发掘中华文化中有助创新、有益时代社会的创新因素。王前认为中华传统文化之所以能够延续几千年仍保持旺盛的生命力，是因有其内在的创新功能，中华传统文化的创新功能主要体现为具有"生生日新"的创新本体论、直观体验的创新认识论和辩证思维的创新方法论（王前，2000）。邢琳认为中华传统文化是一个以和谐创新、整合创新、宽容性为范式的自主创新体系，和谐创新是中华传统文化的主旋律，是天地万物、人文自然的基本规律，整合创新是指包容不同的文化，使之互相吸引、融化、调和而趋于一体化的创新过程（邢琳，2008）。李晓元认为中华传统文化的创新思想是以和谐创新为范式的自主创新体系，它的运行历史地形成了一个体系化的建制，内涵了和谐创新论、过程创新论、中和道路创新论以及价值创新论等基本内容。和谐创新是天地万物、人文自然的基本规律，过程创新就是创新、保新（《老子》的"夫唯不盈，故能蔽不新成"）、再创新（《老子》的"为而不恃"）的辩证创新，中和道路创新是以中和为路径的自主性创新与主体间性关系创新的统一，创新价值是以人为本的社会关系创新（李晓元，2007）。

朱锦堂认为中华传统文化可以为创新人才奠定一些基本的人文素质，包括：思维的开放性，既善于通过历史看现实又通过现实看未来，而且善于举一反三、以滴水观大海、能知天下事（如诸葛亮），既有客观的、科学的分析，又有主观的、自由的想象乃至天真烂漫的幻想、稀奇古怪的梦想（如屈原、李白等）；意志的坚定性，如孔子、司马迁、李白、苏东坡等百折不挠；能力的综合性，如东汉的张衡既是汉赋四大家之一，在科学上又著有《灵宪》《算罔论》，发明了观测天象的浑天仪、测量风向的候风仪和预测地震的地动仪，还是一位为政清廉的官员（朱堂锦，2002）。种坤霞、王新哲认为继承传统文化，有助于促进管理创新，以儒学的格物、致知、诚意、正心、修身、齐家、治国、平天下思想为代表的伦理型管理思想可概括为"修己"和"安人"，即以自我管理为起点、以社会管理为过程，最终实现"平天下"之目标，这种管理思想把治家的伦理道德准则及管理方法运用于企业及国家管理中，要求企业成员要像父子、兄弟一样相处，企业内部人际关系比较融洽。中华传统文化中的"人为邦本"的理念对于现代企业的对象管理创新、"人之能群"的理念对于管理组织创新、"正己正人"的理念对于领导管理创新、"贵和持中"的理念对于协调管理创新、"自强不息"的理念对于激励管理创新等都有促进作用（种坤霞和王新哲，2004）。成良斌认为总体上中华传统文化中有些文化传统对我国技术创新政策的制定、实施和评估等具有偏向正面的影响，如性善论、集体主义、天人合一和顺其自然等；有些文化传统对我国技术创新政策的制定、实施和评估等具有偏向负面的影响，如官本位、等级观念、特殊主义、重义轻利和平均主义等（成良斌，2007）。

　　综上所述，有不少学者探索了中华传统文化中的一些创新因素，为提升国家的创新能力提供了借鉴和支撑。本书在此基础上，将继续深入发掘中华传统文化中的创新因素。

　　文化从其构成要素来说，大致可以包括思维方式、理念与信仰、组织与制度、器物与科技等方面。本章将从这四个方面来探索中华传统文化中的创新因素，以期对中华传统文化中的创新因素做一个较为系统而深入的发掘。

10.2　传统思维方式中的创新因素

思维方式是隐藏在文化最深处的、能有意无意地影响文化体系内的人群待人接物的文化因素。整体思维和辩证思维可以说是中华传统文化的两大核心思维方式，为新时代的创新带来了不少积极影响。关于整体思维，著名国学大家楼宇烈曾说："中国文化的人文思维方式是……动态的、整体的、联系的、随机的、综合的"（楼宇烈，2015）。相对于西方近现代科学更崇尚局部的、静态的、分析的、还原的思维方式，中华传统文化更倾向于动态的、平衡的、综合的、整体的思维方式。概括来说，我们可以说中华文化更擅长整体思维方式。这种整体思维方式具有整体性、全局性、系统性的特征，例如，中医有生物全息律理论，头痛可以医脚是耳熟能详的例子。

中华文化的整体思维方式还具有动态性的特征，整体是动态性的整体，例如，《周易》认为天地是一气流行、生生不息，又如中医的经络是人体精气神运行不息所形成的现象。中华文化的整体思维方式又具有前瞻性的特征，因为动态是有迹可循、有规律可找、有趋势可发现的动态，例如，中医的"治未病"理论就是整体思维方式前瞻性特征的体现。中华文化的整体思维方式还具有伦理性的特征，整体的各部分之间是一个休戚相关的共同体，例如《庄子·齐物论》认为"天地与我并生，而万物与我为一"，《礼记·礼运》提倡"以天下为一家，以中国为一人"，北宋理学家张载在《西铭》中提出"民，吾同胞；物，吾与也"的民胞物与的大生命观，北宋理学家程颢认为"仁者以天地万物为一体"。

在现今的国家治理乃至世界秩序治理中，中国人提出的"建设人类命运共同体"的思路与美国人提出的"美国优先"的思路便与中西两种不同的思维方式颇有渊源。2015 年 9 月，习近平在纽约联合国总部发表重要讲话时指出："当今世界，各国相互依存、休戚与共。我们要继承和弘扬联合国宪章的宗旨和原则，构建以合作共赢为核心的新型国际关系，打造人类命运共同体"（中华人民共和国外交部政策规划司，2016）。可以说，中国领导人所倡导的命运共同体、利益共同体、责任共同体的理念更多地源自中华文化的伦理性的整体观，"美国优先"理念则更多地源自西方的个体主义的、局部的思维方式。

整体思维方式所带来的创新因素不仅影响当今中国的治理创新，引导中国走上和平崛起而非殖民称霸的新现代化之路，而且引导着中国走向中国特色的科技自主创新道路。"中国特色自主创新道路具有鲜明的阶段性和多层次性。阶段性体现在新中国成立以来我国自主创新的发展历程经历了'二次创新—组合创新—全面创新'为主的三个阶段，目前的发展总趋势是走向开放式全面创新"（陈劲和吴贵生，2018）。2002 年许庆瑞突破欧美创新理论范式，提出了全面创新管理理论，被学术界誉为"迄今为止最系统的创新管理模式"。许庆瑞认为，"全面创新管理应该以培养核心能力、提高持续竞争力为导向，以价值创造／增加为目标，以各种创新要素（如技术、组织、市场、战略、管理创新、文化、制度等）的有机组合与协同创新为手段，通过有效的创新管理机制、方法和工具，力求做到人人创新、事事创新、时时创新、处处创新"。许庆瑞将全面创新管理概括为"三全一协同"，即"实现创新的'三全一协同'——全要素创新、全员创新和全时空创新，实现各创新要素在全员参与和全时空域范围内全面协同"（陈劲和吴贵生，2018）。可以说，全面创新管理理论契合传统整体思维方式的基因，也适应大科学、大联通时代的要求，正在对中国的自主创新之路产生越来越大的影响。

利用整体思维和东方智慧来促进管理创新的另一个绝佳理论是陈劲、尹西明、梅亮首次提出的"整合式创新"理论。他们认为，现有的创新范式基本上可分为三类：第一类，立足于局部思维，如美国学者提出的用户创新、颠覆式创新，欧洲学者提出的设计驱动创新、公共创新，日本学者提出的知识创新，韩国学者提出的模仿创新；第二类，只重视横向的知识、资源和人员等要素的整合，如美国学者提出的开放式创新，中国学者提出的全面创新等，它们缺少愿景驱动的战略引领性，可能会使企业面临诸如开放过度、核心能力不足等风险；第三类，过于倚重概念、文化或社会因素而走向另一个极端，如欧洲学者提出的负责任的创新、社会创新，印度学者提出的朴素式创新等。现有的创新范式侧重于从具体的创新行为、创新方法或创新环节、创新主体等角度理解创新过程，无法摆脱原子论的创新思维方式。回顾世界一流企业的创新之路，新产品、新要素、新方法和新流程乃至新的组织方式的产生，都不是依靠单个方面的改进或提升，也不是自然而然生发出来的，而是有组织、有设计地开展创新的结果。上述三类传统创新范式忽略了战略设计和战略执行在推动创意落实、获得创新成果、转化创新价值的过程中发挥的引领与前瞻性作用。上述三类传统的创新范式还比较缺乏东方哲学、中华传统文化、佛教智慧等之中源远流长的全局观，未体现道家哲学提倡的阴阳一体动态演变、天人合一，儒家哲学提倡的允执厥中的"中道"哲学和"合而不同"的和平观等。针对现有中国语境下创新理论与范式的不足，基于东方哲学和中华传统文化的优势，他们提出了新的创新范式——整合式创新（holistic innovation），也即战略视野驱动下的全面创新和协同创新。整合式创新是战略视野驱动下的创新范式，是战略创新、协同创新、全面创新和开放式创新的综合体，体现了中国情境和东方文化的智慧。整合式创新的四个核心要素是"战略""全面""开放""协同"，它们相互联系、有机统一。整合式创新基于系统科学的系统观和全局洞察，通过顶层的目标确定和战略设计，超越知识管理，突破传统企业的组织边界，同时着眼于与企业创新发展密切相关的外部资源供给端（如高校、研究机构、供应商、技术与金融服务机构等）、创新政策与制度支持端（政府、国内外公共组织和行业协会等）以及创新成果的需求端（消费者、领先用户、竞争对手和利基市场用户等），借助于东方文化孕育的综合集成、全域谋划和多总部协同等智慧，助力企业调动创新所需的技术要素（研发、制造、人力和资本等）和非技术要素（组织、流程、制度和文化等），构建和强化企业的核心技术和研发能力，打造开放式创新生态系统环境下企业动态、可持续的核心竞争力（陈劲、尹西明和梅亮，2017）。

　　辩证思维是中华传统文化的核心思维方式之一。辩证思维是指以二元相反相成、变化发展的视角来认识世界的一种思维方式。辩证思维通常被认为是与形式逻辑的思维方式相对立的一种思维方式。在形式逻辑思维中，事物一般是二元对立的，是"非此即彼""非真即假"的；在辩证思维中，事物是"亦此亦彼""亦真亦假"的。中国传统的阴阳鱼太极图最明显地揭示了辩证思维的特征，阴鱼（黑鱼）和阳鱼（白鱼）相反相成，流转不息；阴鱼中又有白点（白眼）、阳鱼中又有黑点（黑眼），两者你中有我、我中有你，所谓"独阴不生，独阳不生"（《春秋谷梁传·庄公三年》）。中国古代辩证思维在《老子》《周易》中便已成为其核心的思维方式之一并影响深远。老子认为"万物负阴而抱阳，冲气以为和"（《老子》第四十二章），阴阳是相辅相成的；但阴阳又可以相反而动，"反者道之动，弱者道之用"（《老子》第四十章），"有无相生"（《老子》第二章），"祸兮，福之所倚；福兮，祸之所伏。孰知其极？"（《老子》第五十八章）。《周易》本来就是写阴阳之书，《庄子·杂篇·天下》曰"《易》以道阴阳"。张岱年认为，《易大传》提出了三个意义深广的精湛命题："生生之谓易""刚柔相推而生变化""一阴一阳之谓道"。这就是，第一，肯定万物是生生不息的；第二，肯定万物变化的根源在于对立面的相互作用；第三，肯定对立面的相互联系、相互推移是事物最普遍的规律（张岱年，1980）。

　　拥有阴阳相反相成、周流不息、亦此亦彼的辩证思维方式有利于促进创新，我们可以将运用这种思维方式来进行创新的创新模式称为辩证创新。一些现代西方科学家曾对中国传统的辩证思维产生浓厚兴趣，并作为一种创新的方法论指导自己的研究工作。美国物理学家卡普拉曾著《物理学之"道"》一书，其中谈到现代物理学与老子、庄子、禅宗等的辩证思维有某种深刻的内在联系。玻尔用中国的太极图作为自己礼仪罩袍的徽章，正是因为他认识到现代物理学的互补原理与阴阳关系模式有着惊人的一致性。日本物理学家汤川秀树谈到庄子关于"浑沌"的寓言对于他的研究工作有相当大的启发作用。美国物理学家惠勒对老子"有生于无"的思想极感兴趣，因为这一思想同他的物理学质朴性原理本质相通。以创建"协同学"闻名于世的德国科学家海尔曼·哈肯、世界著名建筑大师赖特等也都对中国传统的辩证思维模式给予相当高的评价（王前，2000）。

可以说，辩证创新是基于阴阳相反相成、周流不息、亦此亦彼的辩证思维方式所带来的思维方式的突破以及对世界认识的改变而产生的创新模式。随着人类进入量子科学时代，波粒二象性、亦此亦彼的量子特征都在不断改变着人类对物质世界乃至对人类社会、对精神世界的认识。

同时，也有学者认为辩证思维对创新还具有其他重要的指导作用。创新主体在创新活动中所使用的许多思维类型，如批判性思维、求异思维、发散思维、逆向思维等，其实质就是辩证思维在创新主体的思维活动的不同侧面、不同层次、不同状态下的体现。创新主体在创新思维和活动中所表现出来的挑战权威、超越自我、打破常规、标新立异等精神状态，要靠辩证思维来孕育、激发和强化（张维真，2011）。

10.3　传统理念与信仰中的创新因素

价值理念是人们待人接物时所遵循的是非标准、行为准则，信仰是指由于对某种主张、主义的敬畏而以之作为自己行动的指南或榜样。讲中华传统价值理念中的创新因素不能不先讲讲中华文化中的创新精神。习近平在多次讲话中引用了《礼记·大学》中的"苟日新，日日新，又日新"来提倡创新精神（人民日报评论部，2015）。日新又新在《大学》中的本义应该是指日新其德，但后来的确延伸为自强不息、不断自我革新之意。这种革新精神渊源有自，《周易》六十四卦中就旗帜鲜明地列上了表达创新精神的一卦，也就是"鼎"卦。《周易·鼎卦》曰："鼎：元吉，亨。"《周易·杂卦传》曰："革，去故也；鼎，取新也。"《周易·系辞上》曰："日新之谓盛德。"也就是说，懂得革故鼎新才是大吉大亨之事，日新才是盛德。

创新精神离不开变通精神，《周易》六十四卦中的损卦表达了与时偕行的变通精神。《周易·损卦》曰："损益盈虚，与时偕行。"《周易·系辞下》曰："易，穷则变，变则通，通则久。"这种与时俱进的战略灵活性与战略变通精神是中华创新精神的重要内涵之一。中华创新精神还包含深刻的宽容精神，这种宽容精神既包括厚德载物、和而不同的理念，如《礼记·中庸》所讲的"万物并育而不相害，道并行而不相悖"，这种信念铸就了中华文明在世界宗教史上罕见的从未发动大规模宗教战争的宗教宽容精神，也铸就了中华文明海纳百川的开放创新精神。这种宽容精神也包括宽容失败的理念，夸父追日、刑天舞干戚等代代相传的古老传说其实都是对失败者的歌颂。

可以说，没有这种日新的、变通的、宽容的创新精神，很难想象中华文明能够在李约瑟七卷本的《中国科学技术史》中展开如此大气磅礴的科技创新图卷。

站在文明比较的角度来看，中华传统文化中诸子百家的诸多理念与信仰即便在今日也是极具创新价值的。就人力资源管理创新来说，对人性的不同理解可以说会决定人力资源管理的不同范式。中华传统的人性论比西方的人性论要丰富和全面，现在依然对治理和管理的理论和实践提供了重要的基础性洞见。儒家基于性善论的洞察提倡柔性管理，孟子认为"恻隐之心，人皆有之；羞恶之心，人皆有之；恭敬之心，人皆有之；是非之心，人皆有之。恻隐之心，仁也；羞恶之心，义也；恭敬之心，礼也；是非之心，智也。仁义礼智，非由外铄我也，我固有之也"（《孟子·告子上》），圣人据此善性而行"仁政"，孟子曰"人皆有不忍人之心。先王有不忍人之心，斯有不忍人之政矣。以不忍人之心，行不忍人之政，治天下可运之掌上"（《孟子·公孙丑章句上》），不忍人之政就是儒家为政以德的柔性管理。

法家基于人性自私论提倡法、术、势相结合的刚性管理模式。法家认为人性好利恶害，"好利恶害，夫人之所有也。……喜利畏罪，人莫不然"（《韩非子·难二》）；认为人与人皆是"用计算之心以相待"，家庭成员之间、君主与群臣之间等都是如此。因此，要用赏罚之法、权谋之术、威权之势来治理臣民，"凡治天下，必因人情。人情有好恶，故赏罚可用；赏罚可用，则禁令可立而治道具矣"（《韩非子·八经》）。

道家基于超善恶的自然人性论主张"无为而治"。庄子认为"彼民有常性，织而衣，耕而食，是谓同德；一而不党，命曰天放"（《庄子·马蹄》），"夫恬淡寂寞，虚无无为，此天地之平而道德之质也"（《庄子·刻意》）。为了保持和恢复人的自然本性，道家提倡无为而治。道家根据无为而治的原则，提出了四个结论：第一，在管理主体上，提出了"上善若水"的理想人格论；第二，在管理方法上，用"以辅万物之自然而不敢为"的理念，来构建"顺其自然"的管理思想体系；第三，在管理境界上，追求"太上，不知有之"的最高"无为"境界；第四，在人生智慧上，道家以"身重于物""少私寡欲""上德若谷""大巧若拙""不言之教""不敢为天下先"等理念，构建自由人生、潇洒人生（葛荣晋，2013）。

比起西方占主导地位的性恶论，中华传统不同学派、不同视角的人性论的综合影响使得中国人对人性有更灵活也更全面的把握，在为人处世上也相对灵活和容易变通，有对性恶的提防，也不失对性善的信心，也有对超善恶人性的体认与回归。

中华传统文化中丰富多彩的人格论也可以转化为一种积极的创新因素，为推进当今领导力理论的新发展提供许多借鉴。儒释道各家都重视美好人格的养成，这些人格理论都有助于塑造管理干部的理想人格。儒家提倡智、仁、勇的人格论，"知者不惑，仁者不忧，勇者不惧"（《论语·子罕》），"智、仁、勇三者，天下之达德也"（《礼记·中庸》）。这种人格理论可以为领导者的德商、智商、情商、胆商的提升提供许多助益。道家提倡"上善若水，水善利万物而不争，处众人之所恶，故几于道。居善地，心善渊，与善仁，言善信，政善治，事善能，动善时"（《老子》第八章）的人格论，"水善利万物而不争"提醒领导干部要懂得还利于员工及社会大众，"居善地"

提醒领导干部要懂得谦卑而低调地为人处世，懂得找到战略要地，"心善渊"提醒领导干部要懂得心如止水、静水照大千以及懂得大度包容、如渊能容众水，"与善仁"提醒领导干部要懂得以仁慈精神治企，"言善信"提醒领导干部要有诚信精神，"政善治"提醒领导干部治理企业要懂得顺其自然、无为而治，"事善能"提醒领导干部要提升自我才能，"动善时"提醒领导干部要懂得等待机遇、抓住机遇，懂得进退得时。

另外，佛家提倡"勤修戒定慧，息灭贪嗔痴"的常乐我净的人格论，兵家提倡智、信、仁、勇、严的"为将五德"的人格论等，这些都对领导者的自我修炼和领导才能提出了严格的要求。

当代领导理论与实践的新趋势是越来越注重服务型领导、愿景型领导、有广博知识积累的跨文化领导、变革型领导等（陈劲，2017），儒家、释家、道家、兵家等的人格理想对于推进这些新型领导力的养成来说，无疑具有得天独厚的优势。儒释道对仁爱与慈悲之心的重视，与公仆型、服务型领导的养成有天然契合之处；儒释道对智慧的追求，包括对宇宙、社会、生命的知识和真相的追求以及对因时因地因事而变通的智慧的追求，对愿景型、变革型、跨文化型领导的养成有诸多助益；儒释道都很重视伦理型领导，所谓"其身正，不令而行；其身不正，虽令不从"（《论语·子路篇》），这对企业领导能够道德自律并引领企业积极承担社会责任也是大有帮助的，2008年的世界金融危机让世界意识到没有道德自律的企业可能造成多么可怕的世界危机。

道家的管理境界论为领导力的修炼带来了崭新的视角。葛荣晋认为，根据被管理者对管理者的感受、评价与对策，老子将管理境界分为四种类型："太上，不知有之；其次，亲而誉之；其次，畏之；其次，侮之"（《老子》第十七章）。"侮之"是最低层次也是最糟糕的管理境界，管理者恃权羞辱被管理者，被管理者也以羞辱方式加以报复，两者处于严重的对立和仇视状态中。"民不畏威，则大威至"（《老子》第七十二章），一旦民怨沸腾到顶点，国家或企业也就将分崩离析了。"畏之"的境界近似于法家"以法治民"，"以术治吏"，全面实施法、术、势的刚性管理方式，造成"明君无为于上，群臣竦惧乎下"（《韩非子·主道》）的管理态势，从而达到"事在四方，要在中央。圣人执要，四方来效"（《韩非子·扬权》）的管理境界。在这种管理境界中，管理者与被管理者之间缺乏相互关爱，也无信任可言，只是一种"恃势而不恃信""恃术而不恃信"（《韩非子·外储说左下》）的冷酷的利害关系。"亲而誉之"的境界近似于儒家"为政以德"的柔性管理方式，这种境界的管理者通过"正己化人"的感化效应，善于以德化人、以情感人、以理服人；儒家认为"为政以德"胜于"循法而治"，"道之以政，齐之以刑，民免而无耻；道之以德，齐之以礼，有耻且格"（《论语·为政》）。道家认为最高的境界是"不知有之"，民众能各安其性、各顺其生，但好像又感受不到管理者的存在，"功成事遂，百姓皆谓我自然"（《老子》第十七章）。《列子·仲尼》篇中假借尧来呈现这种最高境界："尧治天下五十年，不知天下治欤？不治欤？不知亿兆之愿戴己欤？不愿戴己欤？顾问左右，左右不知。问外朝，外朝不知。问在野，在野不知。尧乃微服游于康衢，闻儿童谣曰：'立我蒸民，莫匪尔极。不识不知，顺帝之则'"（葛荣晋，2013）。

　　除了人性论、人格论与境界论，道家"形神双修"的健康人生论对企业管理者及员工的健康管理也有诸多助益。现代人大多处于亚健康状态，可以说关注健康管理已经成为当今任何机构都不得不面对的问题。形神双修的理论提倡养形、养神、养气，《老子》所说的"谷神不死，是谓玄牝。玄牝之门，是谓天地根。绵绵若存，用之不勤"（《老子》第六章）。"多言数穷，不如守中"（《老子》第五章）便被认为是养气之法。养形则偏于动功，形神双修要求静功、动功相结合，动以养形，静以养神，由动入静，以静制动。动功包括传统的五禽戏、易筋经、太极拳等，也可包括今日的各种西式锻炼法，相比之下，西式锻炼法更侧重于"外练肉皮骨"，中式动功更侧重于"内练精气神"。养神方面则提倡"见素抱朴，少私寡欲"（《老子》第十九章）、"去甚，去奢，去泰"（《老子》第二十九章）、不"丧己于物，失性于俗"的、不为物累的、恬淡虚无的生活。

远不止于人性论、人格论、境界论、健康人生论，中华传统文化还有许许多多的价值理念可以对今日的治理创新和管理创新观带来有益借鉴。2014 年 2 月，习近平在中共中央政治局第十三次集体学习时的讲话中指出，要"深入挖掘和阐发中华优秀传统文化讲仁爱、重民本、守诚信、崇正义、尚和合、求大同的时代价值，使中华优秀传统文化成为涵养社会主义核心价值观的重要源泉"（人民日报社理论部，2016）。其中，和文化作为中华民族的重要精神，已经成为今日治理创新的重要发展方向，为建设今日中国的道德观、社会观、国际观、宇宙观指明了目标。在 2014 年 5 月的国际友好大会上习近平说："中华民族历来是爱好和平的民族。中华文化崇尚和谐，中国'和'文化源远流长，蕴涵着天人合一的宇宙观、协和万邦的国际观、和而不同的社会观、人心和善的道德观。在 5 000 多

年的文明发展中，中华民族一直追求和传承着和平、和睦、和谐的
坚定理念"（人民日报社国际部，2015）。

10.4　传统组织与制度中的创新因素

比思维方式、理念与信仰相对具象化、相对更具操作性的是组
织与制度。中华文化源远流长，在组织与制度方面的探索积累了许
多宝贵经验，极大影响了今日中国的国家治理与企业管理。

在政治治理方面，可以说作为中华传统制度基因的多元而一体
的"大一统"观帮助中国人开辟一条政治现代化的创新之路。"'大
一统'是中华传统文化的重要特征。'大一统'并不是说利益的一
元化，相反，'大一统'通过内部多元而得以持续发展"（郑永年，
2016）。在"大一统"观念下，"中国政治历来有统一的权威，现在
这种统一的权威就是政党"（郑永年，2016）。我国的基本政治制度
是中国共产党领导的多党合作和政治协商制度。通过开放，把社会
上的不同利益群体吸纳进政治进程中，政府治理可以代表最广大人
民的根本利益；通过选拔基础之上的选举，通过决策权、执行权、
监督权的相互制约与协调，政府治理可以解决政治精英选拔、更替
和政策执行效率等问题；通过选举民主和协商民主，政府治理可以
避免西方多党制"为了否定而否定"的政治困境以及由此导致的社
会撕裂与对立的社会困境。

对多元而一体的"大一统"来说，多元是相互包容的，因此才
可能成为一体。"我们历史上有朝贡制度、藩属制度、将军都护府制

度、改土归流制度、郡县制等，这种制度多样性和包容性在西方现代'民族国家'的理念下是难以想象的，但在中国这个'文明型国家'中，各种制度可以相处得非常自然。中国可以实行'一国两制'和区域自治制度"（张维为，2011）。从实践来看，这个多元的一体产生了巨大力量，乃至形成了中国式创新道路的持续竞争优势，"跟西方不同的是我国在创新方面的战略引领和中国体制。我们是在走'党的领导、举国体制、群众路线、开放包容'为主要特色的中国式创新道路"（陈劲，2018b）。这个多元的一体又有自己的理想和愿景，"中国人历来把国家长治久安、国运昌盛放在一个极为突出的地位"（张维为，2011）。

对于企业的组织制度来说，传统文化资源在当今中国的企业组织制度建设方面逐渐发挥出相当大的乃至独特的创新价值。儒家提倡"天下一家""民胞物与"（民众是我同胞，万物是我伙伴）的精神，拟家庭化组织可以说是儒家的典型制度特色，这种制度特色也影响到许多儒商企业的制度创新。企业的拟家庭化就是要把企业乃至企业所构建的商业生态系统建设为一个让员工、客户乃至合作伙伴有归属感、成就感，能帮助实现自我的幸福大家庭，乃至最终形成"生死相依、休戚与共的命运共同体"（黎红雷，2017）。中国企业的拟家庭化也曾受到日本企业文化的影响，如"长期雇佣制"的理念等，但也逐渐走出了自己的路。方太集团即是这方面的典范。方太致力于建设拟家庭化的企业，注重员工的利益分配（如身股制等）与福利制度，注重对员工乃至员工家庭的关心和照顾，注重员工的生命成长和幸福体验，注重员工的归属感、责任感、使命感、成就感，乃至注重顾客的幸福。经过多年探索，方太通过从高管垂范抓起，用"仁义"重新审视原有企业制度，并通过产品和服务让用户"安心"等多方面，开启了用儒家文化翻新现代企业管理的过程。方太总裁茅忠群总结出帮助文化落地的"两要五法"，两要指以用户为中心、以员工为根本，五法指教育熏化、关爱感化、礼制固化、专业强化、领导垂范。方太的关爱不仅仅是领导和下属之间的嘘寒问暖，更有实实在在的利益共享。一方面，方太实行身股制，哪怕是保洁阿姨都有分红股，只是数量多少不一样，员工只要工龄满两年，就可以享受身股，不需要自己出钱。全公司上下有大大小小的福利近40项，如买车和购房贷款、班车、住宿免费等。方太总裁茅忠群认为，制度背后的信仰支撑是关键，缺少信仰支撑的制度不是好制度。因此，企业必须两条腿走路，一条是制度管理，另一条是信仰和价值观。企业家不能迷信制度管理的效果，更要加强员工教育，让员工产生羞耻感和敬畏感，从而自觉遵守制度（史亚娟、庄文静和谢丹丹等，2017）。在制度建设上，方太也很重视公司礼乐制度的建设，礼乐建设与法治建设同样不可或缺。《论语·为政》曰："道之以政，齐之以刑，民免而无耻；道之以德，齐之以礼，有耻且格。"方太的礼乐制度建设主要包括陶冶员工性情及养成规范的日常礼仪、在员工或企业重要生命节点举办的企业仪式、在重要节气节庆举行的生活礼俗、注重晋升机制及激励机制的典章礼制等方面。礼乐所带来的仪式感、神圣感、责任感、使命感、向心感对员工的身心成长来说是一次次的洗礼。可以说，中国的儒商企业家越来越关注员工的全面成长，越来越关注员工的幸福问题，这里的幸福至少包括身体和精神双成长、事业和生命双丰收，甚至不仅要为员工谋多方位的幸福，也要为客户谋多方位的幸福，不仅仅是为客户提供产品、技术和单一服务。在这个意义上，我们可以说，儒商企业组织形式将会越来越成为一种学习型组织、修炼型组织、成长共同体组织。

道家提倡无为而治、顺其自然、上善若水等理念，对于领导力的修炼，对于当代扁平化组织的建设，对于员工自觉性与精神理想的激发等都有许多有益的启发。如果说拟家庭化组织的建设是儒商企业的一大突出特色，那么水式管理方式则是受道家影响较深的企业（姑且称之为"道商企业"或"道本企业"）的一大突出特色。陈春花和刘祯等学者曾以水为逻辑起点建构中国本土的水式管理理论，提出了"水样组织"这一新的组织概念。所谓水样组织，是指像水一样可以灵活应对环境变化的动态组织。水样组织是组织内部驱动力与外部适应力的统一，呈现出"内在坚韧、外在柔和"的品性，具有坚韧性、个体能动性、动态适应性、融合性四大特征。打造水样组织可以帮助企业在动态环境下创造持续竞争优势（陈春花和刘祯，2017）。在实践上真正将道家水哲学的智慧进行跨时代转化，可以说海尔集团走在最前面。海尔在引用西方现代管理制度的同时，在管理创新上融入了许多道家哲学的特色。海尔首席执行官张瑞敏借鉴老子的"上善若水"理念提出"海尔是海"，意思是"海尔应像海，唯有海能以博大的胸怀纳百川而不嫌其细流，容污浊且能净化为碧水。……一旦汇入海的大家庭中，每一分子便紧紧地凝聚在一起，不分彼此形成一个团结的整体，随着海的号令执着而又坚定不移地冲向同一个目标，即使粉身碎骨也在所不辞。……我们还应像大海为社会、为人类做出应有的奉献。只要我们对社会和人类的爱'真诚到永远'，社会也会承认我们到永远，海尔将像海一样得到永恒的存在，而生活于其间的每一个人都将在为企业创一流效益、为社会做卓越贡献的同时得到丰厚的回报"（张瑞敏，2005）。海尔在管理创新中一步步探索和丰富了水式管理哲学的理论与实践。1984年，张瑞敏带头砸毁 76 台质量不合格冰箱的壮举开启了海尔持续管理创新之路；随后，张瑞敏创新出"激活休克鱼"的管理理念，扩大海尔的企业规模。随着物联网时代的到来，海尔又灵动地变革为创客孵化平台，打造共创共赢的生态圈系统。海尔在战略、组织、经营等管理实践层面不断演化出新的管理理念和管理工具，如商业模式层面的"人单合一"，组织结构层面的"小微"和"企业平台化"，生产组织层面的"智能互联工厂"，员工价值层面的"员工创客化"和"人人都是 CEO"，激励机制层面的"用户乘数"、"创客所有制"和"用户付薪"，经营机制层面的"纵横匹配表"和"共赢增值表"等。胡国栋、李苗认为海尔的水式管理哲学及其理论体系，是由本体论、认识论和方法论构成的管理哲学体系，其核心范畴分别是"上善若水""大制不割""变易、不易、简易"。围绕其方法论形成动态变革力、共演自驱力和整合转化力三种组织能力，分别对应灵动与无界、自由与开放、连接与系统三类管理思维。在海尔管理实践中，张瑞敏的水式管理哲学贯穿于战略变革、组织结构、员工管理、商业模式和心智模式等各个层面，是海尔"人单合一"管理体系得以成功运行的哲学基础和主导逻辑（胡国栋和李苗，2019）。

10.5 传统器物与科技中的创新因素

科技尤其是器物可以说是传统文化中最为具象化的层面。关于传统器物所包含的创新因素、创新价值在当代实践尤其是文创产业实践中已经得到了多方位的发掘和肯定。有着深厚历史文化底蕴的传统饮食、医药、服饰、建筑、家具、器皿、书画等给中国文化创意产业带来了无穷的启迪，形成了令人叹为观止的无尽创意，并有许许多多的创意成功实现了商业化。文化创意产业（cultural and creative industries）是一种在经济全球化背景下产生的以创造力为核心的新兴文化产业，其发展源于人们日益增长的对美好生活的需求。将文创设计与历史悠久、博大精深的传统文化相结合，不仅能够开拓文创设计的研发之路，设计出更多造型精美、实用好用、创意独特的文创产品，而且可以产生良好的经济效益、社会效益与文化传承效益（王云和石元伍，2018）。传统文化文创产品是指：产品文化创意来源于对传统文化资源和内涵的提炼，注重文化传承，将传统文化元素与产品使用功能相融合，提供产品使用功能和文化体验（司逸凡和魏丹，2017）。

北京故宫文创产品是文创产品中的"爆款"，也是传统文化促进文创发展的一个经典案例。故宫文创产品主要以故宫180余万件藏品为资源进行产品创意设计，产品形式分为实体产品和内容产品。其中，实体产品主要指具有实用功能又结合文化创意元素的日常用品，包括珠宝首饰、钥匙扣、文具、服装等。内容产品主要指故宫新媒体产品，打造了新媒体团队，多平台、多终端运营，打造了故宫App、游戏动漫作品等。品牌推广方面除了利用公共活动如会展、讲座等造势，还通过微信、微博等新媒体推送特色品牌文案，积极与受众互动，拉近故宫与消费者之间的距离，共建品牌。产品投放渠道采用实体店销售和网络商务双渠道，除在故宫内部开设产品销售点，还重点开发了故宫淘宝和故宫商城两大线上端口，故宫淘宝目前粉丝量已经达到数百万人。截至2015年底，故宫博物院共计研发文化创意产品8 000余种，销售额从2013年的6亿元增至2015年的近10亿元。为了增强创新能力，故宫还投建了故宫研究院和故宫学院，深入研究文化资源，保证产品创意的持续性。经过综合布局和多方探索，故宫的文化创意产品创意迭出，在销售上也屡创佳绩，在故宫中销售旅游纪念品的"故宫商店"也更名为"故宫创意馆"，名称的转变代表着原有经济模式和思维方式的改变，打通了思维、创造、销售的整体命脉。故宫博物院的文创产品，从清朝皇帝卖萌图到佛珠耳机，再到VR版《清宫美人图》，无一不显示出现代科技与传统文化的融合。正如故宫创意馆的标语："把故宫带回家"，故宫的文化元素正步入消费者的家中，成为手边日常用品。以前在故宫商店仅能买到雕花扇、"老佛爷"金指甲、牡丹花丝绸。现在的故宫创意馆中备受大家喜爱的商品越来越丰富：卡通版皇帝皇后书签、三宫六院冰箱贴、故宫猫咪手办、海水江崖纹提包、玲珑福韵项链、故宫国色口红、宁寿宫庆寿堂潘祖荫年历、白鹤紫霄便笺本……更加实用化、多元化的产品将故宫文化变成了消费者日常生活中的必备部件，从冷冰冰摆在展柜中的文物变成大家触手可及的可亲的文创产品。

故宫文创产品的成功还在于将传统文化与现代网络营销渠道结合。网络营销是故宫博物院的主要营销方式之一，故宫博物院推出了配有精致的文物图文的官方客户端，还推出了其他各类应用程序，包括故宫实景拍摄的电脑手机壁纸、紫禁城输入法皮肤、祥瑞表情包、故宫游戏等。故宫和搜狗输入法联合推出的故宫元素皮肤深受大众喜爱，融入故宫元素的输入法皮肤看起来富贵祥和，更体现着中华民族对传统文化的骄傲与传承。搜狗输入法推出的一系列故宫表情包，从乾隆雍正的卖萌造型，到在国画中提取的紫禁城祥瑞图做成配文"吓死宝宝了""你瞅啥"等潮流用语的表情更是下载量飙升。更值得一提的是，故宫开发了专属的故宫创意游戏。《皇帝的一天》是下载量最高的一款游戏，在故宫的官方网站上给出了 Android 和 iOS 的下载按键，让官方网站成为游戏下载的主要推动力量。《皇帝的一天》这款网络创意游戏，让用户不仅体会到在紫禁城里做皇帝的感觉，更了解了故宫的布局、构造、景点以及清朝皇室的生活风俗。这款 App 更多的是吸引少年儿童，从故事书中高高在上的皇帝，到自己也可以通过 App 体验做皇帝的第一视角，少年儿童在这种益趣教学的方式中培养了对传统文化和故宫文化的喜爱（郑柏卉，2018）。

从故宫文创产品的成功可以看出，丰富多彩、精美绝伦的传统文化器物就如一个取之不尽、用之不竭的宝库，可以为当代的文创设计和文化产业发展提供源源不断的创意思路。这些创意思路帮助塑造了有几千年风韵又有时尚风采的独特文化创意内容，为新时代的文创产品注入了动人的灵魂。同时，传统文化器物在走向文创的过程中，也应与现代科技的各种表现形式相融合，与现代传媒渠道相结合，与受众对美好生活和精神追求的需求相符合。

中华传统器物中包含着源源不绝的创新价值，中华传统科技也饱含丰富的创新因素。然而，认为传统中国只有技术而无科学的偏见至今还较为普遍，这种西方科学视角所带来的偏见很可能导致中国人错失对自己传统科学中的创新因素的发掘。传统中国有无科学这个问题正如传统中国有无哲学、宗教等。若以西方的科学范式来评判，或许没有；若以自己的类型为另外一种范式，则传统中国当然有哲学、宗教以及科学。英国著名科学史家李约瑟在其七卷本巨著《中国科学技术史》中以及英国另外一位著名科学史家贝尔纳在其名著《历史上的科学》中都写到了传统中国的许多科学成就。阴阳、五行、八卦、干支等理论实际上构成了中华传统科学的基础理论，天文学、地学、农学、中医药学等都是传统科学的代表形态。以中医药学为例，中医药学早就形成了严密而有效的理论体系，若说中医不科学，但又无法否认中医药几千年来救人无数的事实。实践是检验真理的唯一标准，在这个意义上，我们不妨对未来的科学发展持更开放的心态，科学也是存在多种范式的，中华传统科学为未来科学的发展注入新思想、新范式还是有可能的。

吴国盛则为中国传统科学的具体范式做了更深入探讨。他认为，对于中国古代有没有科学这个问题，如果是站在西方数理实验科学意义上来看，则没有；但是站在博物学科学的意义上，则有，而且很发达。应该用博物学的眼光重新看待中国传统科学，用博物学的编史纲领重建中国古代科学史。博物学（自然志，natural history）这种知识类型注重对具体事物的具体探究而不是研究事物的一般本质。作为唯象研究，着眼于采集、命名、分类工作而非观念演绎。这种知识类型极为古老，像技术一样遍布所有的文明地区，即使在西方有理性科学这样的参天大树，也仍然有强大的博物学传统。在传统中国，同样有发达的博物学传统，并且具有自己鲜明的特色，中国传统的很多博物科学内容在今日依然有很大的价值和创新意义。例如，就天文学来说，希腊人视天界为不生不灭的区域，因此像太阳黑子、新星这样的天象从未有过记载，彗星、流星则被视为大气现象而未有系统的专门记录。中国古代天文学则不然，出于敬天畏天的基本动机，中国天文学家对于天空的任何变化都予以忠实记录。科学史家席泽宗基于中国传统天文史料上的记载而作出的关于中国古代新星和超新星记录的考订，对于现代天体物理学关于射电源的研究产生了深远影响。1974 年中国科学院组织北京天文台等单位对我国古代天象记录进行普查，历时 3 年，收集了 1 万多项对现代天文学有意义的记录，编成了《中国古代天象记录总集》（江苏科学技术出版社，1988），它是一份极其独特而又珍贵的科学遗产。例如，就地学来说，中国古人认为灾异现象是上天发出的警告，所以特别受到重视，从而留下了大量的灾异记录，这些记录因其完整、全面、系统，对现代科学有重要的参考价值。我国科学家编写的《中国地震资料年表》《中国地震历史资料汇编》等资料汇集，被国际学界认为是对现代地震学的重大贡献（吴国盛，2016）。

重新发掘传统科技中的创新因素、创新价值是非常有意义的。德国哲学家和数学家莱布尼茨在获悉易图八卦后，惊讶地发现同他 1678年发明的二进制理无二致。进化论的创立者达尔文在其名著《物种起源》（1859 年）中大量引用了他称之为"中国百科全书"中关于遗传变异的记载，据查是出自北魏贾思勰《齐民要术》、明末李时珍《本草纲目》、明代宋应星《天工开物》中的内容（王渝生，2012）。中国古代自然史料中的丰富记载可以为当代科技的探索提供非常有益的参考，天体演化、大地构造、地震预报、气候变迁、海平面升降、环境演替、生物进化等当代重大科学热点乃至社会热点，是与自然史和历史自然科学相关的问题，浩如烟海的中国古代文献中有大量类型多、系列长、连续性好、地域覆盖广阔、综合性强的有关自然现象特别是异常现象的观察记录，这是中国古人几千年来留给今人、贡献给世界的一个自然史信息宝库，它已经在射电天文学、地震震中分布图和烈度区划图、5 000 年气候史重建、500 年旱涝史重建及其隐含周期的发现中发挥了重要作用。中国传统的科技成果也可以为当代的科技创新提供许多基础内容，带来许多创新与成就。中国传统数学不发展演绎几何学，但充分发展程序性算法，这种科学方法有利于当代数学算法化崛起。发扬这种传统数学的基因，结合电子计算机这种先进计算工具，中国学者创造了几何定理的机器证明法。中外古代铸造中均有失蜡法，此种方法不断发展，在现代铸造业中已形成精密铸造产业，用于制作形状高度复杂、精度要求高而难以加工的金属铸件。当代电子计算机打孔程序控制技术就是受到中国古代纺织中的提花技术的启发。用现代科技原理和方法去研究龙洗、编钟等古代器物，已引发出若干有较大价值的科学前沿问题（宋正海和孙关龙，1999）。

就科技的思维方式来说，中国人几千年来更擅长的整体性、系统性的思维方式也有助于推动中国的科技创新。随着相对论、量子力学、信息技术、生态文明等新科技理论的兴起，系统思维方式应运而生，系统科学也逐渐发展。系统科学给新的科学形态带来了巨大的变化："从实体中心论转向关系中心论；从孤立地研究事物（封闭系统）转向在相互联系中研究事物（开放系统）；从以静止的观点研究事物（存在的科学）转向以动态演化观点研究事物（演化的科学）"（苗东升，2007）。系统科学时代的到来必将给相对擅长整体思维的中国人提供推进科技突破的机遇。耗散结构论的创始人普利高津曾指出，中国传统的学术思想是着重于研究整体性和自发性，研究协调和协合，现代新科学的发展，近些年物理和数学的研究，如托姆的突变理论、重正化群、分支点理论等，都更符合中国的科学思想（王渝生，2012）。创建协同学的哈肯也认识到，对自然的整体理解是中国哲学的一个核心部分。在我看来，这一点西方文化中未获得足够的考虑（任浩和颜世富，1999）。可以预见，在这个大科学、大数据、大联通、大格局的时代，中国人完全可能在科技创新中发挥更大影响力。

中国古代的天人合一观对当代人与自然的和谐相处也有重要的指导意义，可以为认识科技与自然的关系带来新的启发。在近现代科技发展中人与自然是对立的，人类陷入了人类中心主义，高估了自身的力量，有意无意地将自身视为大自然的主宰者。因此，人们在探索自然的同时也热衷于征服自然，疯狂向大自然索取而不注意保护环境，没有敬畏天地的意识，最终导致生态失衡，自然灾害频仍、环境污染、气候变暖、生物灭绝、资源枯竭等。中华传统的天人合一观强调人在探索和利用自然的同时，也要敬畏天地、效法天地、顺应自然、保护自然。易经讲人只是天、地、人三才之一，人须"兼三才而两之"（《周易·说卦》），做到天地人和合；老子讲"人法地，地法天，天法道，道法自然"（《老子》第二十五章）；庄子讲"天地与我并生，而万物与我为一"（《庄子·齐物论》）；孟子提倡"亲亲而仁民，仁民而爱物"（《孟子·尽心章句上》）；北宋理学家张载提出"民，吾同胞；物，吾与也"；北宋理学家程颢认为"仁者以天地万物为一体"；《论语·雍也篇》中提出了"知者乐水，仁者乐山"，后来的《孔丛子》又引用孔子另一段话补充解释了"仁者乐山"的含义："夫山，草木植焉，鸟兽蕃焉，财用出焉，直而无私焉，四方皆伐焉。直而无私，兴吐风云，以通乎天地之间；阴阳和合，雨露之泽，万物以成，百姓咸飨。此仁者之所以乐乎山也"，可见仁者乐的是能"赞天地之化育"（《礼记·中庸》），乐的是天地万物能各遂齐性、各得其所。这种天人合一、万物各得其所的精神对于引导当代科技的发展方向、引导生态伦理的建设，对于人类思考自身的定位和价值是有许多启发意义的。

未来之路：中国特色
创新范式的建构

新中国成立以来，我国历经自主创新和开放式自主创新的创新范式演进历程，正在向全面自主创新和全面主导创新的新阶段迈进。2020 年，中国人均 GDP 超过 1 万美元，不仅实现全面建成小康社会的发展目标，而且为全世界源源不断地提供价廉物美的生活资料，捍卫了全球低收入人群选择生活方式和消费方式的权力和尊严，充分发挥了社会主义国家对人类发展的负责任贡献，成为新兴经济体的代表性力量。

中国的快速发展历程，是史无前例的，也是无法复制的。在不断探索前沿领域甚至无人区时，需要转身反思以往走过的道路，并前瞻性地思考未来的道路应该如何前行。回顾中国创新发展的成果以及回溯中国何以实现崛起、建设创新强国的路径，中国创新的未来之路需要更加重视企业在创新中的作用，进一步大力推动企业创新为主导的创新发展新格局，与此同时加快国家战略科技力量的建设并激发出全体人民的创新活力，他们是中国未来创新的重要力量。另外，需要重视创新范式对于创新活动和实践的指导作用，以整合式创新和有意义的创新为指导，重视创新战略的引领作用，正视社会需求，并完成创新对于国家发展和社会发展的回应，实现经济价值和社会价值的平衡，促进社会全面发展。本篇结构如下：

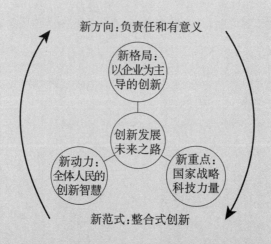

第十一章
创新发展新格局：
大力推动以企业为主导的创新

11.1　企业的核心作用

　　企业不但是中国经济高质量发展的构成主体，也是中国科技创新的核心主体。随着国家科技体制改革向系统纵深推进，科技管理格局实现了从研发管理向创新服务的历史性转变。中国企业的主体地位进一步增强，成为支撑中国创新强国建设的核心主体要素。目前中国全社会研发投入、研究与发展人员、发明专利申请授权量方面，企业占比超过 70%。企业创新活力不断增强，市场创新主体活跃度大幅度提升。

中国企业创新实力和全球竞争力不断提升。一方面越来越多的中国企业进入世界 500 强，与国际巨头一争高下；另一方面，中国涌现出包括中国中车、华为、阿里巴巴、美的、海尔、小米以及科大讯飞、大疆科技、华大基因等一大批国际知名的创新领军型企业。世界知识产权组织《2018 年全球创新指数报告》指出中国企业研发投入占全球比例迅速提高，高技术产品出口增量引领全球，中国的华为以 4 024 件国际专利占据公司申请量排行榜第一名。

改革开放 40 年来，中国企业从模仿、追赶、超越到自主创新，越来越多的"智能企业"和"最具创新企业"走入全球视野，并被世界认可；越来越多的中国企业，借助国家创新体系和自身持续的创新能力、社会影响力，改变着产业、区域甚至国际经济的格局，为人民生活和世界进步带来更多的可能性。其中，主要的经验有以下几方面。

第一，高屋建瓴，构筑世界领先的核心竞争力。国家和企业的战略创新引领是保障，但构建企业创新能力的核心离不开高研发强度和设计创新的驱动，尤其是在战略性新兴产业和关键技术领域，依靠单纯的技术引进和模仿不可能获得核心技术和领先优势，必须依靠持续的创新投入和设计优化，实现自主创新，推动重大技术突破和颠覆性创新。

第二，实行协同创新，加速经济向数字化、网络化、智能化转型升级。当前全球以制造业为代表的产业发展的数字化、服务化趋势日益明显，且成为企业创新转型的新焦点与新挑战。一方面，在开放式创新的环境中，企业与环境之间的边界变得模糊，越来越多的企业通过跨边界合作，构建开放式创新生态系统，赢得持续竞争优势；另一方面，在科技经济全球化的环境下，以开放、合作、共享为特征的协同创新模式被实践证明是有效提高创新效率的重要途径。充分调动企业、大学和科研机构等各类创新主体的积极性，跨学科、跨部门、跨行业地组织实施深度合作和开放式创新，对于加快不同领域、不同行业以及创新链各环节之间的技术融合与扩散尤为重要。以传统制造业为主的中国企业，能否抓住"互联网＋"带来的战略机遇，借助开放式创新和协同创新，加快向数字化、网络化和智能化转型，是在对外开放新阶段赢得新一轮技术和产业革命领先优势的关键。

第三，重视复杂产品系统创新，驱动重大关键核心技术突破。复杂产品系统不止包括大飞机和集装箱，指的是研发投入大、技术含量高、单件或小批量定制生产的大型产品、系统或基础设施。它包括大型电信通信系统、大型计算机、航空航天系统、电力网络控制系统、高速列车、半导体生产线、信息系统等，与现代工业休戚相关。它们虽然产量小，但由于其规模大、单价高，整个复杂产品系统产业的总产值占 GDP 的份额比较高，在现代经济发展中发挥着非常重要的作用。复杂产品系统由于综合程度高，由众多子系统和零部件组成，其开发成功能够推动其他产业发展，进而带动其他普通大规模制造产品的发展（例如，更为先进的大规模制造产品生产线的研制和应用）。复杂产品系统创新组织通常是由不同单位参与的网络组织，常被划分为多个模块或者子系统由集成商和参与开发的供应商共同研制，同时，复杂产品系统创新需要用户高度参与。面向复杂产品系统的管理，需要应用复杂科学管理的思想，运用系统思维、整体观，从组织设计和复杂产品系统的知识管理入手，实现信息化、工业化和智能化制造的系统集成，借助管理创新和管理体系的完善，加速企业对内外部显性知识和隐性知识的创造、吸收和转化应用，打造核心能力，实现核心产品、核心零部件和核心系统模块的突破。

第四，创新引领，打造中国崛起脊梁。中国中车股份有限公司的崛起是以引领创新战略实现企业可持续发展、推动产业升级的典型代表，成为近年来中国产业在国际舞台崛起的标杆。中国于 2004 年制定发布了《中长期铁路网规划》，历经 2008 年和 2016 年两次调整，通过顶层战略设计和中长期规划，极大地促进了中国高速铁路建设，带动了轨道交通制造业的发展、升级与赢得全球竞争力。在国家战略引领和科学谋划下，中国中车通过自主创新、集成创新和全面创新相结合的策略，建立了先进的轨道交通装备、重要系统和核心部件三级产品技术平台，形成了拥有自主知识产权、达到国际先进水平的铁路重载及快速货运技术平台。2017 年中国中车在京沪高铁实现时速 350 公里的"复兴号"正式双向首发，该动车组拥有完全自主知识产权，"是中国走向制造强国、迈向全球价值链中高端的重要标志性成果"。中国中车的崛起向世界证明了战略引领和科学谋划引致的中国企业崛起之路，这一路径在诸如风电、新能源汽车和大飞机领域也得到成功应用，为中国持续推动战略性新兴产业和关键领域企业崛起提供了丰富的经验和可行的路径。

11.2 企业创新为主导的创新发展格局

创新驱动经济高质量发展是我国新时代新发展理念的核心要素，培育一大批具有全球创新领导力和竞争力的世界一流企业，是建设面向未来的科技创新强国的关键议题之一。对此，回顾创新驱动中国经济高质量发展的伟大探索历程，历史和现实都反复证明，应当坚定不移地贯彻习近平新时代中国特色社会主义思想，守正创新，围绕创新型国家建设的任务和两个"一百年"奋斗目标，积极建设以企业为主导的新型国家创新体系，引导创新资源向优质企业聚合。未来企业创新体系建设应重点推进以下几方面工作。

1. 构建强大的基础研究体系

基础研究不仅是大学和研究机构的主要任务，也是企业想要获得核心竞争能力、取得突破式创新发展的重要途径。目前，中国企业的技术创新效率不断提升，但是在一些高端技术行业当中，研发投入和研发强度与发达国家的差距较大，尤其是基础研究对于企业的创新能力的支撑明显不足。企业在研发投入过程当中主要将资金和人力集中在试验发展当中，对于基础研究的投入相对较少。然而，企业的基础研究能力决定了企业的学习能力和吸收能力，企业开展基础研究工作能够有效提升企业的基础知识储备和能力的积累，能够及时吸收和理解外部新知识并加以利用，从而建立创新领先优势。因此，需要积极鼓励有条件的企业从事基础研究，至少是应用基础研究，这是未来国家创新体系建设的重点。美国在贝尔实验室发展方面的得失以及对美国通信产业领导力变迁的影响，是一个富有启示的案例。应积极鼓励条件成熟的企业成立企业（中央）研究院，稳定地从事应用基础研究乃至基础研究的活动。只有在基础研究或者应用基础研究上不断投入，积极探索从微观到宏观各个尺度上的理论发现，才能为产业技术创新提供坚实的知识保障。

2. 构建强大的产业技术创新体系

产业技术创新体系是在产业内部不同的利益相关者和参与者通过配置创新资源来进行创新活动、通过沟通和协调而形成的与知识相关的一种制度安排和关系网络。我国经济发展目前面临着产业结构升级、战略性新兴产业发展、自主创新等宏观经济发展背景和目标，这为我国产业结构升级和产业技术创新体系的构建提供了重要的导向。在产业技术创新体系当中，企业主体之间通过相互作用，对多边关系、产业环境乃至产业生态系统产生影响，进而决定整个产业的发展。在产业技术创新体系中，需要积极发挥行业龙头企业的作用，构建包括农业、制造业、服务业等方面的产业创新体系。尽快实施能引领未来发展的全产业链创新平台，进一步优化科技到产业化的路径，将自主研发、设计驱动和新技术商业应用相结合，打造产业的国际竞争力，提高产业附加值，实现在全球产业价值链的不断攀升。

3. 构建更为科学的大企业创新体系

企业的技术创新体系是国家创新系统、区域创新系统和产业创新系统的微观组成部分，也是企业有效配置创新资源、实施创新活动的关键机制。从中国的经济发展实践上看，大企业在国家发展、区域发展和产业发展上发挥着关键作用，因此大企业所主导的创新模式、大企业所形成的创新体系是中国创新驱动发展的一大特色和重要驱动力量。积极发挥大企业在科技创新方面的作用：一方面，要有效地发挥国有企业尤其是央企在国家战略性、基础性、公益性科技创新方面的作用，通过制度创新和社会创新，进一步调动国有企业科技人员的积极性和创造性；另一方面，要充分发挥大型民营企业在竞争性领域的创新示范作用。

4. 积极发挥中小微企业的创业创新精神

通常情况下，中小微企业由于自身发展的缺陷以及客观条件的限制，其技术创新能力普遍较弱，在市场竞争环境当中难以与大企业相比。然而，中小微企业具备大企业所不具有的技术创新优势：第一，创新动力强。由于中小微企业长期处于市场竞争中的弱势地位，生存危机和竞争压力较为明显，这促使它们更加关注市场机会和重视创新、投资于有效的创新，尤其是其技术成果的转化率高于大企业。第二，反应速度快。中小微企业的规模通常较小，组织结构简单、管理层次较少，因此管理效率相对较高，其决策和沟通的速度较快，能够快速发现市场变化并针对变化作出快速的创新决策。第三，高度专业化。中小微企业业务范围较窄、产品较为单一，相应的技术专业化程度较高、产品的生产成本较低，这有利于中小微企业在短期内具有较强的竞争优势。由此可以看出，中小微企业对于创新创业活动，具有天然的和内生的驱动力。中小微企业数量庞大、与个人和家庭密切相关，政府有责任营造驱动中小微企业创新创业的外部环境，在经济政策、技术政策、法律法规等方面为中小微企业的创新创业活动提供良好的市场环境，鼓励和发挥中小微企业经营者的创新创业精神，增强市场经济活力。

11.3 沿全球价值链成长为创新型领军企业

创新型领军企业是指持续重视企业技术创新工作、形成卓越的创新管理体系，并在产业标准、发明专利、自主品牌、市场占有率等方面具有较大的国际国内影响力，在前沿引领技术、颠覆性技术和产业核心技术方面取得明显优势的创新型企业；创新型领军企业也是积极带动所在产业的上下游企业、相关的科研院所和高等院校协同创新和融通发展并有效整合全球创新资源，从而实现所在产业链安全、带动所在产业链不断攀升全球价值链高端的创新型企业。

企业成长为创新型领军企业是进一步构建国家战略科技力量，提升我国产业的国际竞争力，强化产业链安全，推动产业进入全球价值链高端，助力双循环新发展格局的战略举措。建设与培育一批创新型领军企业也是深化科技体制改革，特别是优化国家创新体系的一项战略举措，将进一步理顺我国科研与创新的关系，引导国家技术创新工作更多地转向以企业为中心、高校或科研机构围绕企业创新从事科研的新局面，形成以企业为主导推动创新发展的新要求。培育各类具有示范性的创新型领军企业，将引导更多企业走创新发展之路，为实现科技的自主自强、建设科技强国提供有力支撑。

建设创新型领军企业，需要具备以下条件。

1. 自身具备较强的自主创新能力及国际竞争力

第一，需要具有较强的自主创新能力，善于掌握关键领域核心技术，积极关注前沿引领技术和颠覆性技术，在产业技术标准、自主品牌和主导产品的市场占有率等方面有突出的表现。第二，始终重视对研发的高水平投入，研发投入结构合理。能稳步提升研发投入，并不断优化基础研究、应用研究、试验开发、产品研制等研发投入结构，在研发投入方面具有较大的国际竞争力。第三，拥有较强的技术创新人才队伍。企业负责人能勇于创新，所在企业能够吸引和培育创新领军人才，打造具有较强创新能力的人才队伍，并能高度重视高水平技能人才，积极推进全员创新。第四，具有完善的技术创新制度和创新管理体系。不断营造创新友好的制度与环境，能胜任创新管理国际标准体系。

2. 能够发挥创新引领及带动作用

第一，能充分发挥创新引领作用，通过牵头组建创新联合体、牵头承担国家重大科技项目及任务等方式，联合产学研多方力量实现产业共性技术、关键核心技术、"卡脖子"技术的重大突破，创新以企业为主导的科技成果转化机制及产学研深度融合机制，实现产业链安全。能够关注提升全球资源整合能力，系统布局创新链，构建国际化产业生态。第二，能够在推动科技型中小企业发展中发挥带动作用，成为推动中小企业创新发展的支撑力量，创新大中小企业融通发展机制。以研发众包、"互联网＋"平台、内部创业等模式，向中小企业开放资源、场景、应用及创新需求，促进资源融合互补、知识协同共享、共创价值实现的融通创新发展模式，带动一批科技型中小企业发展壮大。

作为中国创新型领军企业的代表，中国电子科技集团有限公司（简称"中国电科"）成功探索出"以应用促基础"的科技创新发展模式，在电子信息行业成为国家创新主体力量，推动成体系科技攻关，并不断向基础前沿领域延伸。在国家重大科技专项和重大科技工程中取得标志性突破。积极承担"核高基""北斗二代""探月工程"等国家重大科技专项，彰显了中国电科作为科技创新国家队的重要作用，主动开展"新型智慧城市"等大系统概念创新和顶层设计，引领国家和军队信息化建设，在重点领域关键技术攻关上取得重要突破，在雷达探测等主要领域比肩国际先进水平。中国电科的科技创新体系逐步完善，构建了开放、协同的创新体系，打造技术创新业务形态，整合人才、机制、平台等创新要素资源，实现有效协同，推动自主创新能力提升。始终坚持把创新型人才放在科技创新最优先的位置，始终坚持政策机制是释放活力、激发合力的重点，始终坚持创新平台是实现技术突破的关键，持续围绕科技攻关，布局人才、机制和平台建设，切实提升关键核心技术创新能力。出台科技"创新20条"举措，从人才、平台、机制等制约创新的关键问题入手，释放科研人员创新活力，形成中国电科特色的创新机制。

第十二章
创新发展新重点：
强化国家战略科技力量建设

系统性培育国家战略科技力量是新形势下应对国际挑战、服务双循环新发展格局、加快建设世界科技强国的重要抓手。国家战略科技力量作为国家创新体系（Lundvall，1992；Nelson，1993；胡志坚，2000）建设的重要内容，具有丰富的内涵。区别于传统高校、科研院所和企业研发机构，国家战略科技力量致力于以国家意志为导向，以引领发展为目标，面向世界科技前沿领域，从国家战略全局的高度解决事关国家安全、国家发展、国计民生等根本性问题，从整体上提升我国的创新能力、竞争实力与发展潜力。强化国家战略科技力量，需从主体、基础、资源、环境等方面着手，提高创新链的整体效能，建设具有重大引领作用的跨学科、大协同的创新攻关力量，根据需要具备承担国家赋予的职责，履行国家赋予的使命之能力。

12.1 国家战略科技力量的概念

从世界格局演变看，国家战略科技力量是赢得国际竞争优势的关键。美国能够长时间保持世界第一强国的地位，正是由于其拥有一批代表国家战略科技力量的、以世界领先的大科学装置集群为核心的、具有强大创新能力的国家实验室，以及由一批研究型大学与重要企业创新研发机构聚集形成的东西海岸两大创新城市群（中国科学院，2018）。目前，以国家实验室为代表的国立科研机构（胡智慧、王建芳和张秋菊等，2016）已经成为美、德、日、韩等世界主要科技强国科研体系的重要组成部分、科技竞争力的核心力量、重大科技成果产出的重要载体（李艳红和赵万里，2009）。美国联邦政府资助的研发中心共 40 余个，资助部门包括能源部、国防部、国家航空航天局、国土安全部、国家科学基金会、卫生与公共服务部等 10 余个，其完善的国家实验室系统在国防、航空航天、能源等领域贡献巨大，是支持国家科技创新的持续力量、基础研究成果的摇篮，比如劳伦斯伯克利国家实验室至今已产生 13 位诺贝尔奖获得者和约 80 位美国科学院院士。英国同样高度重视战略科技力量建设（刘娅，2019），如卡文迪许实验室、国家物理实验室以及国家海洋学中心等。德国的国家实验室有明确的国家任务导向，致力于服务国家和社会的长期发展目标，由 18 个研究中心组成的德国亥姆霍兹联合会是其中的突出代表，致力于为经济、科技和社会的重大难题寻找关键解决方案，多年来为德国的发展作出了重大贡献。

党的十九届五中全会指出："当前和今后一个时期，我国发展仍然处于重要战略机遇期，但机遇和挑战都有新的发展变化。当今世界正经历百年未有之大变局，新一轮科技革命和产业变革深入发展，国际力量对比深刻调整，和平与发展仍然是时代主题，人类命运共同体理念深入人心，同时国际环境日趋复杂，不稳定性不确定性明显增加，新冠肺炎疫情影响广泛深远，经济全球化遭遇逆流，世界进入动荡变革期，单边主义、保护主义、霸权主义对世界和平与发展构成威胁。"在此背景下，根据世界科技发展态势，保持战略定力和战略眼光，发挥新型举国体制优势，通过科技风险研判和预测与清晰的顶层设计和规划布局，优化资源配置和创新要素布局，集中有限的资源放在优先发展的关键科技领域，突出竞争性优势，塑造更多依靠创新驱动、更多发挥先发优势的引领型创新（陈套，2020），是新形势下建设和强化国家战略科技力量的关键。

2013 年 7 月，习近平总书记在视察中科院时指出："我们要建成创新型国家，要为世界科技事业发展作出贡献，必须有一支能打硬仗、打大仗、打胜仗的战略科技力量，必须有一批国际一流水平的科研机构。"2016 年 8 月，国务院印发《"十三五"国家科技创新规划》，提出"加大持续稳定支持强度，开展具有重大引领作用的跨学科、大协同的创新攻关，打造体现国家意志、具有世界一流水平、引领发展的重要战略科技力量"，这是"战略科技力量"的提法首次出现在政府文件中。

2017 年 10 月，党的十九大报告强调："加强国家创新体系建设，强化战略科技力量"，标志着国家战略科技力量建设上升为党和国家的意志。2018 年 5 月，习近平总书记在两院院士大会上强调："要坚持科技创新和制度创新'双轮驱动'，以问题为导向，以需求为牵引，在实践载体、制度安排、政策保障、环境营造上下功夫，在创新主体、创新基础、创新资源、创新环境等方面持续用力，强化国家战略科技力量，提升国家创新体系整体效能。要优化和强化技术创新体系顶层设计，明确企业、高校、科研院所创新主体在创新链不同环节的功能定位，激发各类主体创新激情和活力"，首次强调要明确创新主体在国家战略科技力量中的功能定位。

2019 年 10 月，党的十九届四中全会提出要"强化国家战略科技力量，健全国家实验室体系，构建社会主义市场经济条件下关键核心技术攻关新型举国体制"，特别指出了新型举国体制与强化国家战略科技力量的重要联系。2020 年 9 月，习近平总书记在科学家座谈会上强调："要发挥高校在科研中的重要作用，调动各类科研院所的积极性，发挥人才济济、组织有序的优势，形成战略力量"，为高校和科研院所在打造国家战略科技力量中发挥作用指明了方向。

2020 年 10 月，党的十九届五中全会指出："强化国家战略科技力量。制定科技强国行动纲要，健全社会主义市场经济条件下新型举国体制，打好关键核心技术攻坚战，提高创新链整体效能。加强基础研究、注重原始创新，优化学科布局和研发布局，推进学科交叉融合，完善共性基础技术供给体系。瞄准人工智能、量子信息、集成电路、生命健康、脑科学、生物育种、空天科技、深地深海等前沿领域，实施一批具有前瞻性、战略性的国家重大科技项目。制定实施战略性科学计划和科学工程，推进科研院所、高校、企业科研力量优化配置和资源共享。推进国家实验室建设，重组国家重点实验室体系。布局建设综合性国家科学中心和区域性创新高地，支持北京、上海、粤港澳大湾区形成国际科技创新中心。构建国家科研论文和科技信息高端交流平台。"这是首次具体从任务、领域、目标和举措等方面论述如何强化国家战略科技力量。

国家战略科技力量的载体是国家实验室和世界一流科研机构，包括依托国家实验室和世界一流科研机构建设的重大科技基础设施条件平台（张玲玲、王蝶和张利斌等，2019）、综合科学中心（连瑞瑞，2019；张耀方，2017；叶茂、江洪和郭文娟等，2018）和集中国家科研优势力量协同攻关的综合集成科研平台（中国科学院，2018）。根据任务与职责的差别，国家战略科技力量主要包括国家实验室体系、国家重点实验室体系，以及国家工程研究中心（Bozeman and Boardman，2004）、国家技术创新中心、国家科学数据中心等承载国家使命的科研机构。其中，国家实验室（卞松保和柳卸林，2011）是面向国际科技竞争、开展国际科技合作的创新基础平台，是保障国家安全的核心支撑，在国家战略科技力量组成中处于"龙头"地位（陈凯华和于凯本，2017）。

已有研究从完善国家创新体系总体布局（Crow and Bozeman，1998；白春礼，2019）、加快综合性国家科学中心建设（李志遂和刘志成，2020）、组织实施重大科技任务（任波和侯鲁川，2008；刘文富，2018）、强化基础研究（王晓飞和郑晓齐，2012）、加强高水平创新主体建设（周华东和李哲，2018；庄越和叶一军，2003）、推进科研机构体制机制改革（韩彦丽，2016；于冰和时勘，2012；周岱、刘红玉和叶彩凤等，2007）、优化战略科技力量的空间布局（龙云安、胡能贵和陈国庆等，2017；贾宝余、王建芳和王君婷，2018）、促进科技成果转移转化（Jaffe and Lerner，2001）、优化创新环境和资源配置（Bozeman and Crow，1990；寇明婷、邵含清和杨嫒棋，2020）等方面提出了强化国家战略科技力量的对策，但是面对新形势，我国科技评价体系、创新平台建设、战略性科技人才的系统培育与引进体系等方面还有一些关键问题需要进一步解决。因此，我们将以习近平总书记的系列重要论述为根本遵循，在已有研究和对策的基础上，深入调研和分析新形势下我国强化国家战略科技力量面临的新问题、新需求，展开有针对性的研究，提出战略思路、对策体系和政策建议。

在党的正确领导下，无论是个体、高等院校、科研院所、企业，还是创新平台，都涌现出一批国家战略科技力量的典范。个体方面，朱光亚院士作为中国核事业的领航人，纵览全局，心怀祖国，一生致力于我国核科技事业和国防科技事业的发展；高等院校方面，由郭光灿、潘建伟、杜江峰三位院士组成的中科大量子科技团队，打造了高校战略科技力量的样板，推动我国量子科技实现全球领先；科研院所方面，西安光机所以改革创新、服务发展、建设创新型国家为己任，承担并圆满完成探月工程等多项国家重大任务，将"硬科技"打造成为西安市建设科技之都、全面实现追赶超越的城市新名片；企业方面，中国电科在商业化浪潮席卷而来的洪流中，坚守"国家队""科技""电子信息"等本质特征，夯实主业，忠诚履行中央赋予的使命和责任，积极承担并圆满完成国家电子信息装备科研生产及保障任务，在国家党政信息化和行业信息系统建设中发挥了重要作用；创新平台方面，国家高速列车技术创新中心聚焦现代轨道交通技术领域，重点开展材料及结构、装备智能化、轨道交通系统和新能源融合应用、导向运输系统模式多样化、运维与系统设备健康管理等方向的技术研究，成为强化应用基础研究、突破关键共性技术、开展工程化应用的国家战略平台。

尽管我国在部分领域已经形成了国家战略科技力量，但与美国等科技强国相比，数量和质量上还需要极大的提升，如美国拥有 40 多个国家实验室或国家研发中心、70% 左右的诺贝尔奖获得者、世界一流的研究型大学和创新型企业。我国国家战略科技力量薄弱、发展后劲不足的问题，将严重影响我国的经济、科技和社会的安全，影响国家科技创新实力提升、影响社会主义现代化强国建设的进程。接下来将从问题分析和对策研究两方面展开讨论。

12.2 国家战略科技力量的现状和问题

新形势下加快打造国家战略科技力量，需要系统性解决如下问题：①在新一轮科技革命和产业变革不断加速，国际疫情和世界经济形势严峻复杂，我国加快构建双循环新发展格局等多重叠加背景下，我国建设和强化国家战略科技力量的战略思路和顶层设计调整问题；②战略思路和顶层设计调整后的综合性国家科学中心布局建设问题，以国家实验室为代表的新型国立科研机构建设、创新平台建设及其体制机制创新问题，以及如何更好发挥高校、科研院所、企业研究机构在国家战略科技力量中的作用问题；③国家战略科技力量中各类创新主体在加强基础研究和关键核心技术攻关等不同方面的战略组合问题，各类创新主体在创新链不同环节的功能定位问题，以及促进各类主体协同创新和融通创新的制度政策供给问题；④如何更好地构建和完善新型举国体制，实施前瞻性、战略性的国家重大科技项目、科学计划和科学工程，强化国家战略科技力量与市场主体的统筹协同，协同部署产业链和创新链，畅通创新价值链的关键环节，加快推进科技成果转移转化，提高创新链的整体效能问题；⑤围绕国家战略科技力量的创新环境优化和创新要素培育、整合、配置的提质增效问题。

其中最为迫切的，包括以下三个方面：一是科技评价体系的不足。长期以来，追求短平快和个人利益导向的科技价值取向，使高校、科研院所与领军企业等核心科研主体存在对国家利益关注不够、科研力量与目标分散、科研组织协同性不高等问题，无法组织对关键核心技术长期的战略性攻关，原有的产业科研院所市场化后没能承担行业核心和共性技术开发的重大任务。二是创新平台建设不足，缺乏以国家重点实验室为核心的，面向关键核心技术与未来产业的国家级创新平台支撑国家战略科技力量的发展。创新平台的建设缺乏系统性、全局性的统筹，以及导向性、针对性的战略引领，导致各主要创新平台学科单一、领域狭隘、公益性不足，特别是对重点领域布局不足，难以快速、高效地回应国家重大战略需求。三是缺乏战略性科技人才的系统培育与引进体系。战略科技型人才与拔尖创新科技人才队伍长期面临储备不足、培养缺乏体系、引进缺乏针对性等问题。核心人才要素支撑能力不够，战略科学家与团队缺乏，国际地位及话语权有待提高。

针对上述问题，研究提出涵盖顶层设计、基础研究、技术创新、整体效能、关键支撑五个维度的对策框架，如图 12-1 所示。

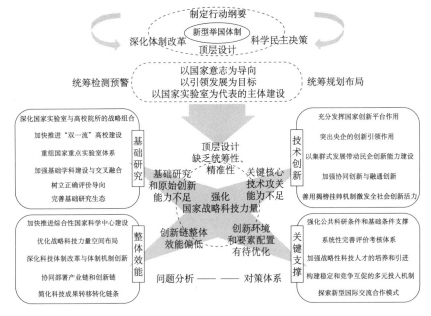

图 12-1　强化国家战略科技力量的对策框架

12.3　国家战略科技力量建设的对策

1. 高度重视国家战略科技力量的建设与发展，明确定位、持续支持

（1）发挥重要院所科技创新"国家队"的作用

进一步明确中国科学院、中国工程院作为国家战略科技力量的地位和作用，在进一步发挥中国科学院在基础研究和行业技术开发的科技优势的基础上，进一步明确中国工程院作为国家战略科技力量的核心力量。与世界先进国家相比，我国的工程科技能力和水平名列前茅，在航天、电力、能源、轨道交通等领域处于世界领先水平，为此，发

挥工程科技创新的优势，是进一步落实新型举国体制、提升破解行业关键技术"卡脖子"能力的关键。要尽快解决行业关键技术问题，就是要逐步恢复行业科研院所的"国家队"属性，更多地从事战略性、公共性的科技项目。着眼于促进技术进步和增强自主创新能力，瞄准世界先进水平，以世界学科前沿问题和国家经济社会发展中的重大理论与实践问题为中心的基础研究、共性技术研发和工程技术研究为目标导向（陈劲、阳银娟和刘畅，2020），要大力提升重要院所进行有组织科研的能力和集成攻关的能力，充分发挥其在国家重大科技计划中的牵头作用，组建有国家使命、有集体荣誉感、有团队战斗力的稳定科研团队，形成有生命力的国家战略科技力量。由中国工程院和相关行业部门共同承担行业科研院所的指导、监督功能，推动形成我国工程科技领域强有力的国家战略科技力量。

（2）进一步发挥高等院校在国家战略科技力量发展中的作用

高等院校是科技创新的重要力量，进一步发挥高水平研究型大学、行业特色大学的战略力量，对强化我国基础研究和产业核心技术开发工作具有重大意义。为此要进一步加强高等教育的改革，提升"双一流"大学的建设目标，把面向国家利益、面向国家重大需求作为高校科技工作的主攻方向，在鼓励教师从事自由探索的同时，进一步加强高校"有组织"的科研活动，形成一支稳定的能团队协作的战略性科研队伍，如清华大学的"200号"团队、中科大的量子科技团队等，使高校科研更聚焦国家战略、更鼓励跨学科合作、更支持产学融合。

（3）突出有条件的国企和民企科技创新主体引领地位

大力提升国企和优秀民营企业的技术创新能力，以高强度的研发投入、高质量的创新产出、高效率的创新流程，抢占发展主动权，努力实现企业技术创新的自主可控。要积极培育百余家能够面向世界科技前沿、面向国家重大战略需求，具有较大原始创新能力的创新型领军企业，发挥其在前沿科技探索中的重要作用，及在承担国家重大科技任务、突破产业关键共性技术和"卡脖子"关键核心技术等方面的重要作用。鼓励创新型领军企业带动中小企业共同建设创新联合体，建立风险共担、利益共享的协同创新机制，提高创新转化效率。

（4）形成大学、科研院所、企业联合攻关合力

立足现代化全局，加强科技创新整体规划，系统布局国家战略科技力量（武力，2020），明确科研院所、高校、企业在创新体系中不同的功能定位，制定在新型国家创新体系下各创新主体的长期规划，实现滚动式、可持续发展。秉承面向国家需求和经济发展的目标，围绕关键核心技术研发谋篇布局，加强跨部门、跨主体、跨学科进行科研协同攻关能力，强化提升科技攻坚和应急攻关的体系化能力，构建系统、完备、高效的国家创新体系，激发各类主体的创新激情和活力，形成自主创新的强大合力，构建功能互补、深度融合、良性互动、完备高效的协同创新格局。

2. 着力建设以国家重点实验室为核心的国家战略科技创新平台

（1）支持重点科研团队

在若干领域选择精干的科研团队，以稳定、非竞争投入的方式，长期支持一批从事国家基础性、战略性、公益性的科研团队。国家

科技和研发适当向基础研究团队倾斜，解决这类学科和项目周期长、不确定性大、市场机制有时"失灵"的问题。中央财政研发经费适当向基础研究倾斜，优化投入结构，并为之构建国家牵头、多元投入的基金体系（武力，2020）。加大对冷门学科、基础学科、交叉学科领域和方向的长期稳定支持，鼓励广大科技工作者勇闯创新"无人区"。促进资源流动和学科交叉，逐步形成一批稳定服务于国家目标、解决社会发展重大科技问题的重点公益类科研团队和一支高水平的人才队伍。

（2）组建高水平基础研究和共性技术研发团队

以国家实验室新建、国家重点实验室重组、国家工程（技术）研究中心改革为契机，组建若干高水平的基础研究团队和关键共性技术研发团队。在若干重点领域加强前瞻布局和战略储备，加快推进国家实验室体系建设，实现国家实验室布局的结构优化、领域优化和区域协同。在重大科学前沿问题和领域加快布局一批重大科技项目，以实验室改革为契机，布局可能引发重大变革的基础研究和应用基础研究，稳定支持一批从事高水平基础研究和关键技术研发的团队，鼓励其产出更多原创理论和原创发现（科技部和财政部，2018）。

（3）布局综合性国家科学中心和区域性创新高地建设

加强体制机制创新和要素集聚，大力推进北京、上海、粤港澳大湾区国际科技创新中心建设，在中西部地区构建若干高技术产业集聚区，支持有条件的地方建设区域科技创新中心，明确定位、优化布局，促进区域创新要素流通、打造区域经济增长极。统筹推进国家自主创新示范区和科创城等核心科创平台建设，强化创新链、产业链精准对接，高标准打造未来科创平台。

3. 着力培育战略性科学家和战略科技人才，以期形成国家战略科技力量的核心

（1）构建战略性科学家的发现与有效识别机制

积极发现、重用像钱学森、朱光亚等战略性科学家的队伍。积极探索实施重大科技攻关项目揭榜挂帅等更开放的选人用人制度，瞄准基础研究、底层技术、颠覆性技术和"卡脖子"技术等设定清单目标（陈劲、阳银娟和刘畅，2020；季冬晓，2020），并建立健全符合这些项目特点和规律的人才与项目评价制度，打破国籍、户籍、身份、学历、年龄等限制，形成唯才是举的用人机制，让更多的揭榜挂帅战略科学家脱颖而出。

（2）探索构建战略性科技人才与团队的培养与引进体系

明确战略科技人才培养中的战略导向、国际导向、未来产业导向以及创新协同导向，以整合式创新思维为引领，以科研与教育资源的供给、协同、调整与重组为核心，探索构建战略性科技人才的培养体系。加强国际科技交流与合作，通过健全高端人才引进战略来实现战略性科技人才的全球获取，不仅要关注科研环境、设施设备、评价激励等"硬"条件的建设，更应重视打造开放包容、平等沟通的科研"软"环境。

（3）释放人才活力，建立健全战略科技人才成长进步的激励与保障

要进一步加大科技创新的机制改革，就要进一步释放人才的创造活力，破除"帽子"的不当限制；要适度延长评价周期，让更多

的科研人才安心从事难度大、周期长、风险高的科技项目，促进真正解决未来产业实际问题的原始创新和源头创新，避免盲目地迎合国际热点；要积极探索和落实科研成果的跨学科、跨领域互认机制，切实营造促进交叉研究的友好环境；要进一步规范科技伦理，树立良好的科研道德品质，注重更多的有使命的科研、负责任的创新。

第十三章
创新发展新动力：
全体人民的创新智慧

　　创新是驱动人类文明和经济社会发展的重要动力。在推动经济－社会系统可持续发展的大背景下，科学、技术与创新范式的发展也提出了新的要求。关于中国创新发展新动力的探索，主要是指延伸和发展传统以企业或其他组织为主要动力的模式，需要不断深入推进科技体制改革，完善科技治理体系，改进科技项目规划、运行和管理的方式，激发全体人民对于建设科技强国的雄心壮志，使得"把科技自立自强作为国家发展的战略支撑"更加富有全社会的意义。全体人民的创新智慧是中国创新发展的不竭动力和源泉，是社会主义市场经济条件下的新型举国体制中创新主体积极性和能动性发挥的重要体现。这其中，人民创新和揭榜挂帅制度将会发挥出巨大的作用。

13.1　大力激发全民创新 ①

在约瑟夫·熊彼特提出的创新理论中，处于领导者地位的大企业和新创企业是创新的重要来源，而它们创新的目的主要是对利润的追求（Schumpeter，1939；Schumpeter and Backhaus，2017）。基于这一理论观点的生产者创新范式长期主导着学术研究，并对公司管理和政府政策产生了广泛、深远的影响。20世纪70年代，用户创新研究的兴起不仅对生产者创新范式提出了挑战，也对创新来源理论作出了重要补充（von Hippel，1976）。有关用户创新的研究可以追溯到亚当·斯密，最早的关于用户创新的研究聚焦于用户作为信息提供者对生产者创新过程的帮助（Myers and Marquis，1969）。随后，冯·希伯尔和同事开启了关于用户作为创新来源的研究，他们提出用户是现代社会中创新的重要来源之一（von Hippel，1976）。

随着2014年李克强总理提出"大众创业、万众创新"，普通大众的创新能力和创造力受到了空前的重视，他们具有创新性的创业活动已经成为拉动中国经济发展的新引擎。据此，著者提出了"全民创新"的概念。

1. 全民参与科学研究：开放科学

广大人民参与科学发展的历程可以分为两个阶段：对科学的理解和对科学的参与。在以往的研究中，主要是从全民科学素养提升

①　本小节内容结合了著者的以下研究成果：《公民创新——探索万众创新的后熊彼特范式》，刊发于《创新与创业管理》2019年第21辑；"Citizen Innovation: Exploring the Responsibility Governance and Cooperative Mode of a 'Post-Schumpeter' Paradigm"，刊发于 *Journal of Open Innovation: Technology, Market, and Complexity* 2020年第4期。

的角度去研究如何让科学知识普惠全体人民，强调科普工作的重要性。随后，开放科学逐渐兴起，形成了对科学研究和学术创新的新要求。在最开始对开放科学的定义中，认为开放科学是一种积累知识和生产知识的机制，是以开放为特征的科学文化，是一种基于合作的科学研究方法，也是一种利用数字技术和协同工作的工具来传播知识的方式。随后，学界确定了开放科学的三种主要特征，包括高度开放性、社会化和合作共享。其中，社会化强调打破传统显性和隐性的科学研究过程，让科学研究的进程和结果实现向社会大众的可视化，同时也鼓励非专业人士参与到科学研究的过程中，使曾经被科学研究拒之门外的普通大众能够成为科学研究过程中的重要参与者，也能够进一步强化普通大众对于科学研究过程的认知。随着开放科学、参与科学运动的兴起和普及，广大人民不再被动地接受科学知识或通过提供使用数据在科学活动中扮演边缘角色，而是更多地参与核心科学知识的生产过程。尽管在具体研究项目中可能仍然需要科学家和专家的帮助，但现在全民参与能够提供更加广阔的智慧源泉，甚至直接为一个科学问题作出决策并找到解决方案。

开放科学的实施，使得科学研究过程中收集到的观点更加多样化，更广泛地获得思想、数据和独特的资源，不仅能够快速扩大研究人员的数量，也增加了该领域研究的多样性。

2. 全民参与创新活动：社会创新

在主流的生产者创新范式当中，创新是一个组织边界内封闭的活动过程。在这一过程当中，从战略制定开始就由上级管理者实施，由行业专家研究和指导，由研发部门具体落实。随着开放式创新的深度发展，尽管组织寻求知识的跨边界流动和资源的共享，但是组织边界仍然限制着创新的过程。由于创新的高度不确定性，成功的创新产出通常取决于多样化、多方向的探索过程，创新成果与其知识搜索的多样性和广度密切相关。知识数量和类型的增加能够带来更大的创新成功机会。

先前的研究将社会创新定义为，更多不同的参与者可以通过多种方式参与制定应对社会各种挑战的创新解决方案。过去的研究表明，广大人民参与到社会创新中，有三个主要功能：提供信息和资源、解决问题、作出决策。

社会创新的相关研究表明，人民参与创新活动往往能为创新或者研究项目提供丰富且有价值的信息和资源。他们主要是参与项目的早期阶段，为研究团队提供用户需求的相关信息，或者参与到后期阶段进行评估数据的收集。在这一过程中，全民都有机会自愿参与创新的核心知识重组、问题解决、决策制定和方案的落实。与此同时，全民也能够通过参与到创新活动当中，为问题提供创造性的解决方案，实现自我价值的认同。每个人都需要表达自己声音的机会，需要基于个体独特的知识和经验的多样性来创造创新的机会。这种多样性有助于防止生产者在创新过程中遇到的锁定问题。具有不同教育和经历背景的创新者的多样性和包容性确保了对所有创新可能性方向的探索。

3. "大众创业、万众创新"：全民创新

2014年9月在夏季达沃斯论坛上，李克强总理提出了"大众创业、万众创新"的新势态。此后，又在第一届世界互联网大会、国

务院常务会议和 2015 年政府工作报告中详细阐述这一关键词。2018 年 9 月，国务院发布《关于推动创新创业高质量发展打造"双创"升级版的意见》。"大众创业、万众创新"，从本质上看是知识社会发展到一定阶段后创新民主化的一种体现，随着互联网技术带来的知识获取便捷性的提升，创新的主体也从企业、大学、研究机构中的专业人士和科学家变成了普通大众。李克强总理强调，大多数中国人如果在工作当中能够从事挑战性的和创新性的事业，那么一定能够形成中国经济的新引擎，释放社会中新主体的活力。

推动大众创业、鼓励万众创新，是培育和激发社会经济发展新动力的必然选择。随着经济发展中物质资源环境约束的逐渐强化，以生产要素和规模经济驱动的经济发展动力正在逐渐减弱。传统的高投入和高消耗的粗放型经济发展方式将难以为继，因此，中国经济发展的未来必须进行结构性改革和机制性调整，从要素驱动和投资驱动转向创新驱动。而社会中的普通大众将会是创新驱动发展的不竭动力，普通大众参与创新创业活动，能够释放市场中各类主体的活力，同时也让创新创业成为全社会普通大众的共同价值追求和行为习惯。

13.2　善用揭榜挂帅机制

进一步落实创新驱动发展战略、早日成为世界科技强国，是我国面临世界处于百年未有之大变局的重大战略选择。在 2016 年 4 月 19 日召开的网络安全和信息化工作座谈会上，习近平总书记提出，在互联网技术发展过程中，可以探索搞揭榜挂帅，把需要的关键核心技术项目张出榜来，英雄不论出处，谁有本事谁就揭榜。揭榜挂帅对我国的科技创新工作有何重要的指导意义？如何善用揭榜挂帅机制激发全社会创新活力并进一步突破产业核心技术，是我国科技创新工作的重要转向。

新型国际关系和疫情危机对掌握核心技术提出了更高的要求，善用揭榜挂帅机制激发全社会创新活力突破我国产业核心技术的创造性选择，是科技创新的新制度安排。在共享经济、开放创新的新时代，科学运用揭榜挂帅机制，是优化科技资源、提升科技创新效能的必由之路。为此，在科技创新战略、制度和人力资本运用方面急需新的政策视野。

1. 封闭式从事核心技术研发的风险与不足

新冠肺炎疫情之后，如何实现经济的稳定增长以及推动经济高质量发展，是我国经济发展面临的两个关键议题。面对突发事件，静态和均衡的经济思想无法有效指导我国的经济发展，我们应从动态、非均衡的经济理论中汲取智慧。在众多的国内外经济学家中，熊彼特无疑是动态、非均衡经济理论的代表人物。历史证明，凯恩斯"治疗""大萧条"的奇思妙想于岁月实践中累积的负效应逐渐显现但其自身又无法克服，而熊彼特关于经济危机的阐释具有更深刻的洞见力，其学说的学术解释力历久弥新。熊彼特在保持对新古典主义的清醒认识，延续奥地利学派的知识传统的基础上，难能可贵地提出了一个国家经济增长的核心是创新，即企业家不断"对生产要素的新组合"形成的"创造性变革"，这种企业家"不间断的创新行为"就是应对危机的根本对策。因此，应对危机，国家应进一步鼓励企业家的原始创新创业动力，因为他们有"梦想和意志"，对利润"有胜利的热情"，心中有"一个无所不在的动机——创造的喜悦"，且有"坚强的意志"。所有真正的企业家都是新事业的开拓者。因此，各级政府要进一步尊重企业家才能，有效发挥他们在应对危机方面的主观能动性，进一步完善区域创新创业的环境，让具有爱国主义情怀、持续创新精神、强大社会责任感的企业家脱颖而出，积极探索生产自救、经营转型、提升效益的有效方式，实现基于韧性的逆势增长。

然而，熊彼特理论的不足是，他认为生产者是创新的唯一主体。生产者创新模式的流行导致了一系列的后果，生产者视角所代表的封闭垄断式的创新，不仅研发周期长、成本高，而且失败率极高，极大地限制了诺贝尔经济学奖得主菲尔普斯所强调的"创新活动的广度"，抑制了创新能带来的社会活力和发展动力，使创新这项重要的人类活动在现实中成效低下。

麻省理工学院的冯·希伯尔教授于1988年提出的用户创新理论，摒弃了少数精英企业家是创新源泉的单一模式，鲜明地提出企业外部的用户可能成为创新的来源。虽然企业的内部研发部门都是由行业专家和精英组成，但是他们依然需要广泛地获取组织边界之外散布在不同大脑当中的隐性知识，这就极大推进了创新民主化思潮的发展。以冯·希伯尔为代表的后熊彼特主义的核心要义是，必须把对创新主体的定义从生产者及其周边群体扩展到广泛的社会群体，关注通过开放合作形成由社群组织起来的群众或者用户自由创新的新型创新活动，从而激发全社会创新的活力，同步实现经济发展和社会福利创造。

2. 用户创新和开放式创新是未来科技创新的主导范式

后熊彼特主义的核心思想是重视用户的创新活动。如中国在长期的文明进化中提炼出许多宝贵的来自民间的中医药智慧，就是用户创新的最佳案例，中西医结合为我国的新冠肺炎疫情控制作出了突出贡献。

在冯·希伯尔教授研究的启发下，加州大学伯克利分校的亨利·切萨布鲁夫（Henry Chesbrough）提出了开放式创新的概念。开放式创新模式是指企业在技术创新过程中，同时利用内部和外部相互补充的创新资源实现创新，企业内部技术的商业化路径可以从内部进行，也可以通过外部途径实现，在创新链的各个阶段与多种合作伙伴多角度动态合作的一类创新模式。开放式创新模式把外部创意和外部市场化渠道的作用，上升到和内部创意以及内部市场化渠道同样重要的地位。在开放式创新范式下，企业边界是可渗透的。创新思想主要来源于企业内部的研发部门或其他部门，也可能来源于企业外部。企业内部的创新思想可能在研究或发展的任何阶段通过知识的流动、人员的流动或专利权转让扩散到企业外部。有些不适合企业当前经营业务的研究项目可能会在新的市场实现其巨大价值，也可能通过外部途径得以商业化。公司不再锁住其知识财产，而是通过许可协议、短期合伙和其他安排，设法让其他公司利用这一技术，自己从中获利。

实际上，国际上许多著名企业采取开放式创新模式已经成功地实现科技创新，取得持续的竞争优势。宝洁公司通过"联发"（联系与开发）这一全新的创新模式，与世界各地的组织合作，向全球搜寻技术创新来源，实现 35% 的创新想法来自与公司外部的连接。从对"非此地发明"（not invent here）持抵制态度，转变成对"骄傲地在别处发现"（found there）充满热情的态度，成功地推动了持续的创新，使历经近两百年风霜的老牌公司保持创新活力。世界领先的制药企业默克公司，一直以来很重视内部研发投资，但该公司 2000 年的年度报告中指出："在全世界的生物医学研究中，默克只占了 1%。为了利用另外的 99%，我们必须积极地与大学、研究机构和世界各地的企业联系，以便把最好的技术和最有发展前途的新产品引入默克。"作为全球家电领先品牌，海尔集团秉承锐意进取的企业文化，不拘泥于现有家电行业的产品创新与服务形式，与时俱进地拓展业务新领域，创立了海尔开放式创新平台（Haier Open Partnership Ecosystem，HOPE），积极进行互联网转型，为海尔内部员工、外部合作方、资源提供方及平台的每位用户构建一个创新生态圈，让所有人都能够通过开放式创新平台来创新创业，贡献自己的价值，同时获得应有的利益分享。这样的开放式创新平台，正在逐渐改变传统的产业结构，也让技术研发的创新创业过程变得更简单。

3. 揭榜挂帅是用户创新和开放式创新的主流机制

揭榜挂帅是实现用户创新和开放式创新的主流机制。"榜"就是企业或社会的客观需求，通过张榜，提高了科技创新的针对性、精确性和时效性，实现了通过需求倒逼科技创新；"帅"就是组织内外能够解决问题或者突破核心技术的关键人才，体现了新的选才思想。

揭榜挂帅，关键是解决了信息不对称问题，将以往只能由某些具备特定资质单位完成的科研项目在组织更大范围内公布，让更多掌握核心技术和具备相应研究能力的单位和个人（用户）获取公平竞争的机会。揭榜挂帅，可以实现研究课题的公开竞标，以市场"赛马机制"选取或整合最好的标的及方案，交由不同的团队独立或联合攻关，实现创新价值最大化。揭榜挂帅，可以以更开放的视野、更广阔的胸怀，激发全球、全社会、全员创新创业的能动性，调动最有智慧、最有能力的人的积极性，加快关键核心技术的突破。

2018 年 11 月 14 日工信部发布《新一代人工智能产业创新重点任务揭榜工作方案》，征集并遴选一批掌握关键核心技术、具备较强创新能力的单位集中攻关，重点突破一批技术先进、性能优秀、应用效果好的人工智能标志性产品、平台和服务。通过开展人工智能揭榜工作，工信部计划征集并遴选一批掌握关键核心技术、具备较强创新能力的创新主体，在人工智能主要细分领域，选拔领头羊、先锋队，按照揭榜挂帅的工作机制，突破人工智能产业发展短板瓶颈，树立领域标杆企业，培育创新发展的主力军，加快我国人工智能产业和实体经济深度融合，促进创新发展。榜单一公布，就吸引了 1 248 家单位参与。在抗击新冠肺炎疫情中揭榜挂帅发挥了重要作用。针对疫情，工信部进一步开展揭榜挂帅工作，依图科技开发了胸部 CT 新冠肺炎智能评价系统，能针对新场景快速行动，使得团队充分挖掘有限数据中包含的海量信息，让"小样本"成为"大数据"。旷视、商汤、大华等挂帅企业，也利用人工智能深度学习、图像识别等技术赋能红外热像仪，通过全景拼接、目标检测、目标跟踪、目标识别等功能，实现快速测温，大幅提高测温效率和异常体温者检出的准确率。

正如沃顿商学院的克里斯蒂安·特尔维施（Christian Terwiesch）和

卡尔·尤里奇（Karl Ulrich）两位教授在他们 2009 年的著作《创新竞赛：创造与选择最佳机遇》中所提到的，创新因其能带来巨大的价值回报而让企业孜孜以求，但它又以其高度的不确定性让企业困惑。就像体育竞技一样，"创新竞赛"就是一个淘汰大量低水平创新方案的过滤器，只有那些最有前途的方案才会胜出，因此，如果企业将创新竞赛的整个过程对外开放，就一定会从中受益。揭榜挂帅，就是我国坚持发挥好市场在资源配置中的主导作用，同时发挥好政府的统筹组织、指导协调等职能的有效的"创新竞赛"，必将对我国科技创新工作带来深远的影响。

4. 用好揭榜挂帅机制的政策保障

一是坚持以开放的视野指导揭榜挂帅工作。核心技术的突破与创新成为实现创新驱动发展与提升国家竞争优势的关键，也是全球科技竞争的关键。在坚持自主创新战略的过程中要高度重视以全球视野进行创新资源的吸收和运用。用户创新、开放创新是世界科技创新的新范式，基于用户创新和开放创新的揭榜挂帅机制将克服封闭式创新的不足，大大减少研发成本，提高创新效率。

二是强化以融通创新的思想从事揭榜挂帅工作。融通创新，将在传统的产学研基础上，强化大中小企业、国有企业和民营企业的协同创新。这意味着企业应将创新的课题更多地开放给各大专院校的师生，实现科技创新的企业和高校双引擎驱动，如清华大学近年深入参与航空发动机项目，就是突破航发技术的产学合作新探索。同时，我国的央企应进一步加强吸收民营中小企业参与核心技术、颠覆性技术创新的力度。美国和以色列的中小企业素以致力于技术领先、敢于超越在位成熟企业的发展模式为特色，为此，进一步扶持拥有核心技术的中小企业，也将成为创新政策的新重点。

三是基于人本的思想推进揭榜挂帅工作。人才是推进揭榜挂帅的主体，主体不活，创新便成了"无源之水"。第一，要深化科技体制机制的改革与创新，给予广大科技工作者更多研发自主权和科研成果支配权，充分发挥我国科技人力资源充沛的独特优势。第二，积极发挥劳动群众在创新中的主人公地位。各级基层党组织要积极通过发挥员工创新的"带头、带动"作用，营造创新氛围，培育创新文化，明确挂帅推进、奖励考评新机制，促进创新成果数量、质量的突破，让每一个有志成才的人都有创新空间，形成人人皆可创新、人人尽展其才的创新氛围，实现企业和员工的共同发展。第三，深化人事制度改革，充分研究"零工经济"时代吸收创新者开展科技创新的体制，设计有利于自由创客从事科技创新的利益分享机制和收入税收减免政策等，积极迈入共享人力资本的新时代。

常言道，"高手在民间"。揭榜挂帅使得我国今后在重大科研项目、技术攻关上有了更开放的视野，更能激发全体人民从事科技创新的能动性，是科技创新体制的重要突破。面对新形势，我们要以习近平新时代中国特色社会主义思想为指导，坚持党对科技工作的全面领导，以建设创新型国家、科技强国为目标，充分利用竞争性的科技创新，努力实现核心技术的快速突破，为建设现代化的社会主义强国作出贡献。

第十四章
创新发展新范式：
战略引领的整合式创新^①

随着我国经济实力的突飞猛进和国际地位的日益提升，西方管理学界也开始出现一些以中国为代表的、基于东方思维和文化情境的管理现象和理论议题，如竞合、二元、关系、市场转型理论等。但上述研究及其中国特色现象的涌现主要集中在一般管理领域，对中国特色的经济基础、市场结构、社会制度、文化传统、政府治理等情境影响下，科学研究、技术发展、工程应用过程中的自主创新理论并未进行解释。以中国国家科技创新的重大工程为例（如载人航天、国产航母、国产大飞机等），西方一般管理、创新管理的主流

① 本章内容结合了著者的以下研究成果：《面向 2035 年的中国科技创新范式探索：整合式创新》，刊发于《中国科技论坛》2020 年第 10 期；《建构"整合式创新"：来自中国高铁的启示》，刊发于《科学学与科学技术管理》2020 年第 1 期；《整合式创新：基于东方智慧的新兴创新范式》，刊发于《技术经济》2017 年第 12 期。

理论范式较多以原子论的范式出发（Wittgenstein，1929；Russell，2009），聚焦特定创新活动的某个局部，如重大创新工程中的知识转移（Lifshitz-Assaf，2018）与开放创新问题、国家创新系统（Lundvall et al.，2002）对科技创新活动的支持作用、重大创新工程中的政府作用与政策影响（Mazzucato，2013）等，缺少对重大科技创新工程为何成功与如何成功的系统思考。简单地引进或移植西方情境下的创新理论，无法有效解释中国创新活动的典型特征，更无法指导中国情境下的创新实践。因此，基于对中国本土创新实践的归纳提炼，建构本土情境下的创新理论范式具有理论与实践意义（白长虹，2017；杨俊，2018）。

14.1 整合式创新的提出

中国自 1978 年改革开放以来，成功实现了经济增速时间最长、人口基数扩大最多、消除绝对贫困人口规模最大等多个发展突破。作为后发追赶的经济体，为了适应经济增长由高速度向高质量的转型，避免陷入"中等收入陷阱"，保证持续稳定发展，中国政府实施了创新驱动发展战略，以逐步实现经济发展由传统的要素驱动、投资驱动向创新驱动转型（柳卸林、高雨辰和丁雪辰，2017）。超级计算机、载人航天和探月工程、载人深潜、深地探测、国产航母等重大科技创新成果的涌现，标志着中国创新型国家建设行动的有效推进（穆荣平，2017）和中国科技创新全球贡献率的大幅提升（陈劲，2018a）。

　　"发展是人类社会永恒的主题"[1]。创新能否以及如何驱动发展也一直是西方经济管理领域探索的问题。以熊彼特为代表的奥地利学派提出"企业家精神"作为经济发展的外生驱动力为创新对经济增长的影响提供了理论解析，其认为企业家能够执行新企业、新技术、新供应源和新组织模式的新组合并形成创造性破坏（Schumpeter，1939），富有冒险精神和创新行为的企业家（Aghion and Howitt，1990）是促进市场经济增长的中坚力量。斯旺（Swan，1956）和索洛（Solow，1956）建立了新古典经济增长模型（索洛–斯旺模型），并认为长期、可持续的经济增长必须依靠外生性的技术进步。阿罗（Arrow，1962）将技术进步看作资本积累的副产品。然而，资本质量的提升需要巨大的资本投入，罗默（Romer，1986）认为，只有在垄断竞争市场结构之下的厂商，才有足够的资本能力进行资本质量升级，而这种典型的资本投入方式就是研发投入，进行新产品研发或产品质量提升。可以发现，关于技术创新与发展的研究，是基于传统经济学当中的经济增长模型，创新被封装为技术进步或全要素增长率变量，更多的研究是围绕西方经济学界所解释的创新与经济发展之间的因果关系，对于经济学界之外的领域以及发达国家之外的国别情境缺少讨论。整合式创新（holistic innovation，HI）理论的提出正是基于这一背景。

　　基于整合式创新的创新管理范式即是整合式创新管理（holistic innovation management，HIM）。整合式创新有四个核心要素，即战略、全面、开放和协同，战略引领全面、协同与开放，四者互为联

---

[1]　参见 2016 年 12 月 4 日习近平致"纪念《发展权利宣言》通过 30 周年国际研讨会"的贺信。

系，有机统一于整合式创新的整体创新理论中，缺一不可。

整合式创新的框架如图 14-1 所示。

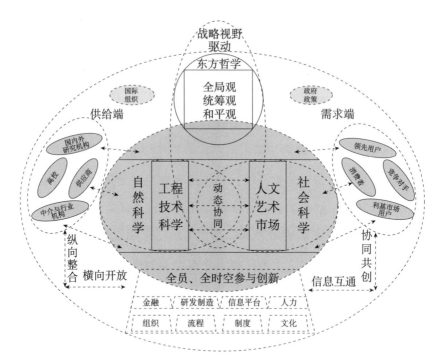

图 14-1 整合式创新框架：战略引领下的新型创新范式

整合式创新的提出，是一个创新管理理论不断演化发展的过程，它是在自主创新、开放式创新、协同创新和全面创新的基础上，将战略引领置于统领位置，强调升维思考和全局观形成的创新范式。整合式创新的理论溯源与演化如图 14-2 所示。

在开放式创新生态系统的时代背景下，整合式创新是整体管理变革下的创新，是东西方哲学思想引领下基于自然科学和社会科学跨界融合的"三位一体"。整合式创新思想蕴含的全局观、统筹观以及和平观，符合东西方哲学的核心价值追求，有助于在跨文化的

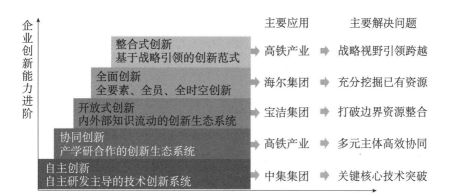

图 14-2　整合式创新的理论溯源与演化

国内外竞争过程中实现工程、技术、科学与人文、艺术以及市场的互搏互融，并突破传统的企业边界，促进企业与外部需求端和供给端甚至国内外的政策端等各创新利益相关主体联合构建合纵连横的创新生态系统，在动态协同中开发市场机会和科技潜力，创新企业产品与技术，通过跨界创新与竞合推动产业变革与区域协同发展，实现"创新为了和平、为了全球可持续发展、为了人的幸福与价值实现"的终极目标。整合式创新理论认为，在新型国家和企业创新生态系统建设过程中，既要避免因为过度开放导致的核心能力缺失，又要防止因为过度强调自主丧失对全球创新资源和机遇的最大化利用。这一思想和中国哲学中的中道、允执厥中思想一脉相承，更与中国现代国家治理的制度逻辑相吻合，是具有中国特色、世界意义的管理学新思想，对建设新型国家创新体系、加速企业发展和培育世界一流创新领军企业具有重要理论与实践价值。

对于国家而言，整合式创新蕴涵着中国特色的和平观、举国体制下的战略执行优势和系统驱动的中国式创新经验与智慧，同时顺应了中国的创新战略需求，即不能再仅依靠工业化、信息化、城镇化和农业现代化的"四化"实现社会经济的创新发展，需要放眼全球、着眼全局，同时兼顾消除贫困、保护环境、促进健康、建设国防和推进国际事务等方面，通过各方面的有机整合，实现富民强军，推动全球和平发展。在重大科技创新领域，如航天系统、高铁技术、量子通信、人工智能和工业互联网等领域，不仅仅需要单纯的技术创新，更需要从国家中长期发展战略入手，实现科技战略、教育战略、产业战略与金融、人才、外交战略的有机整合，通过战略引领各要素的横向整合和纵向提升，为建设科技创新强国提供源源不竭的动力，为全球的经济与社会可持续发展作出重大的引领性贡献。基本技术的积累和应用决定了当前的基本生存能力，关键核心技术的掌握和优势的发挥决定了当前的核心竞争力，对行业先导技术的判断、研发和开拓应用能力将决定未来的竞争力。通过整合式创新实现对当下关键核心技术的掌握和面向未来的前沿技术的把握，是中国企业超越追赶、实现创新引领发展的关键所在。对于那些有志持续实现跨越式发展的企业，更为重要的是在非连续性技术创新和战略前沿技术创新方面保持领先，由此才能充分掌握和制定新的发展规则，在全球竞争中赢得领先优势。

对于企业而言，企业应从大处着眼（think big）、立足高远（aim high），通过前瞻性的战略设计引领自身及所处生态系统的发展演变方向，在战略执行中行动迅速（act bold），打通横向资源整合和纵向能力整合的脉络，依托协同创新思维，实现总体思想下的技术集成和产品创新，达成"竞－合"双赢局面。根据整合式创新理论，创新不只是研发部门的责任，而是需要纳入企业整体发展战略，以战略创新引领技术创新和管理创新，实现全价值链的动态整合，真正落实"人人都是创新者"的理念。在整合式创新过程中，企业不但要注重通过全要素、全员、全时空创新强化技术要素，还要注重对非技术要素的发掘和利用，打造属于自己的独特"双核"，即技术核心能力和管理核心能力，从而在新竞争环境下超越中国企业"引进→消化吸收→再创新"的传统追赶模式，加快实现颠覆性技术突破。整合式创新和传统创新理论最大的区别在于，整合式创新倡导战略引领，强调从系统观和整体观出发，思考企业技术创新体系的建设和创新过程的管理，重视对国内外环境、行业竞争趋势、技术发展趋势的战略研判，以战略创新引领技术要素和非技术要素的融合发展。展望未来，企业在应用整合式创新，打造自身动态核心能力，加快颠覆性技术突破的同时，要进一步加强科技创新的整合思考，以未来使命和战略视野引领持续的创新跃迁。企业在提升经济效益之外，也要不断赋能组织内外个体的能力改善、价值实现和幸福感提升，在此基础上创造更多、更可持续的社会价值，推动产业、国家乃至全球的可持续发展。

14.2　整合式创新的内涵解析

整合式创新，即战略驱动下的开放式创新、协同创新与全面创新，强调通过战略引导下的开放式创新、协同创新、全面创新，有效配置和利用创新活动所需的资源，以实现创新成果的产出。对于发展中的中国创新实践，整合式创新提供了一种基于整体观、系统观及重大创新工程的创新理论基础（陈劲、尹西明和梅亮，2017；
Chen，Yin and Mei，2018）。

1. 整合式创新中的"战略导向"

已有的关于企业成长和发展的战略管理研究形成了系统的理
论演进过程与方法论基础（谭力文和丁靖坤，2014）。作为研究的
重要构念，战略导向关注的是企业如何定义它们的市场领域（创业
问题）、如何构建体系和流程（管理和技术问题）、如何获取价值
（Miles et al.，1978；Porter，1980）。关于战略导向的研究中，有两
种主要框架。一种是迈尔斯等（1978）将企业战略导向划分成进攻
型（prospector）、防御型（defender）、分析型（analyzer）。进攻型企
业通常积极寻找并发展新的产品与市场机会，企业内的产品研发和
市场营销对战略的定位与选择有重要的影响；防御型企业通常占有
一个安全稳定的利基市场，它们往往倾向于集约式发展（intensive
development）（Cusumano，Nobeoka and Kentaro，1998；Cooper，
2017），不采取向外拓展，而是对现有的财务和生产流程进行优化以
提升效率；分析型企业介于进攻和防御之间，它们更加谨慎地对待
新产品领域和新市场，同时又维系并保护既有的产品与客户群。汉
布里克认为，这种分类方式主要是针对企业层面的经营现象进行解
释，对企业战略本身的解释度不够（Hambrick，1983）。随后，他
对这种分类进行了延伸，在战略导向的基础上，增加了外部者导向
（outsider orientation）和职能导向（functional orientation），更加详
细地解释了企业战略的形成过程（Hambrick and Mason，1984）。另
一种是波特以取得竞争优势为目的，将企业战略导向的核心阐述为

竞争战略，并分成了成本领先战略、差异化战略和集中战略三种类型（Porter，1980）。然而，创新系统中的战略导向与一般企业的战略导向有所不同，其具备了更多的非对称性、不确定性和结构多样性，因此创新活动中的很多现象很难用均衡、路径依赖、可逆性、线性等传统理论解释，需要更多地融入非二元、复杂性系统观点（Fischer and Fröhlich，2010）。另外，在西方战略管理理论当中，重点强调的是借助有价值的、稀缺的、不可模仿的、不可替代的资源来建立竞争优势（Barney，1991）。对于资源优势和竞争能力并不突出的发展中国家而言，这种竞争战略和思维逻辑并不适用。在有限的创新能力和基础资源的约束下，善于联合外部资源、创造性地进行资源整合，才有可能获得内外部资源的充分协同，赢得竞争优势（Slater，Olson and Hult，2006）。作为这种资源整合的战略选择，整合式创新理论中所强调的战略导向包含进攻型战略导向与防御型战略导向两种选择。

以中国高铁产业企业为例，中国南车集团公司（2015 年与中国北车股份有限公司合并，更名为中国中车股份有限公司）自成立以来，在国家推进"引进国外先进技术，联合设计生产，打造中国品牌"的高铁发展战略的驱动下，客观分析自身面临的内外部机遇和挑战，制定并实施了"归核→强核→造核→扩核"的集团发展路径，通过整合内外部资源，在集团宏观层面进行战略协调，实现了全球竞争优势的提升。华为技术有限公司经过 30 多年的技术积累与发展，从一家民营通信科技公司逐步成长为全球最大的电信网络解决方案提供商、全球规模第二的电信基站设备供应商。华为总裁任正非是将军事战略思维成功应用于企业创新管理的典型。他反复强调，华为在创新过程中"不能在非战略机会点上消耗公司的战略竞争力量"。华为围绕技术研发制定了适应全球化发展的产品开发战略、人才战略和组织管理激励战略，助力其保持在电信领域的全球领先优势（陈劲、尹西明和赵闯，2018）。例如，华为的集成产品开发战略，由市场管理、流程重组和产品重组三大模块构成，该战略的实施使得产品开发周期缩短 50%、不稳定性降低了 2/3，是华为在技术创新方面赢得全球领先优势的重要源泉。[①]

2. 整合式创新中的"开放"

随着技术创新工作的复杂化和学科交叉化，单独依靠一个企业内部资源（资产、组织管理、结构、工艺、流程、人员、信息、知识等）（Wernerfelt，1984），已经无法负担复杂或重大技术创新的资源需求；加之技术创新的不确定性逐渐增强、成本提升，创新风险和难度都在急剧增加。2003 年，切萨布鲁夫对朗讯、思科等企业进行对比，发现内部研发能力弱的公司能够利用外部资源来提高创新速度和回报率。基于此，他提出了"开放式创新"的概念，强调借助外部技术、资源获取来弥补内部资源不足的缺陷、共同承担创新风险。通常情况下，开放式创新是以企业为主体，研究企业的开放行为（点的开放）或组织与组织之间的交互（线的开放）。企业的开放行为是企业主动性的外部知识搜索、外部合作及共享行为。企业之间的开放创新能够实现内外部技术的整合，并通过企业资源与互补性资产的整合实现参与主体的价值获取（Teece，2006）。同时，开放式创新主张创新合作中分担风险和成本，充分利用创新主体的

---

① 相关信息和资料来自著者研究团队的内部研究与项目报告。

资源能力，实现优势互补、缩短创新周期、提高创新效率。企业主体之外，具有先进技术能力的零组件供应商、具有市场知识的用户等都是创新的重要来源，可以为企业提供有价值的产品设计创意、提高创新效率（Clark，1989）。本质上，开放式创新强调一种跨越企业边界的知识流动，并以企业内部的开放合作与跨企业边界的双边合作为主要载体（Bogers，Granstrand and Holgersson，2012）。随着开放进程的不断深入、开放广度和深度的不断加强，开放式创新的复杂度和网络化程度也在不断增加，如表现为价值网络和价值星系（Normann and Ramirez，1993）的出现。这使得知识流动和交易过程的多边趋势成为必然。有学者由此总结提出了组织内部、组织间双边和异质组织群多边三种类型的开放式创新知识流动与交易关系（Vanhaverbeke and Cloodt，2006）。因此，基于开放式创新的分类形式，整合式创新中的"开放"可以划分为点的开放（single open）、线的开放（bilateral open）和面的开放（multilateral open）三个类别。

以海尔集团为例。在开放式创新的新竞争环境下，海尔开放式创新平台（HOPE）于 2013 年 10 月正式上线。通过"人单合一"模式以及构建与发展创新生态系统的多年实践，海尔基于 HOPE 构建了企业与用户交互的创新生态圈，同时基于自主经营体与小微创新的组织管理模式，实现了用户参与、全员创新的生态成员交互模式，进一步优化了海尔的企业创新生态系统（吕文晶、陈劲和刘进，2019；张小宁和赵剑波，2015；赵剑波，2014）。

3. 整合式创新中的"协同"

生物技术、能源技术、信息技术等高科技前沿技术的快速发展和迭代，要求实现众多技术创新环节并行化、资源聚集化和主体协同化（陈劲，2012），导致特定技术创新所嵌入的系统的复杂性显著增加，协同成为管理组织系统复杂性的核心（陈春花、朱丽和刘超，2018）。系统中的各个子系统、要素之间的相互协调、合作、联合和集体行为，通过大量非线性作用在整体层面涌现协同效应，整个系统在特定时空中能够实现特定功能并构成自组织（Haken，1973）。当前关于协同创新的研究，主要是基于协同主体和主体间关系来研究，在不同的场景中，采用不同的链接手段促进知识、资源等的交互与组合，实现价值创造。在协同创新过程中，通常是企业、大学、科研机构、政府、中介组织等创新主体共建创新平台，组建研发共同体、协同创新组织和利益共同体（叶伟巍、梅亮和李文，2014），需要重点关注知识产权的归属、经济利益分配比例、创新目标管理、合作方式（Fontana，Geuna and Matt，2006）、合作协议时限、合作关系的正式化程度、信息不对称性、交易费用结构（Jensen，Thursby J G and Thursby M C，2003）等。各个创新主体之间需要在价值观、文化、行为准则、战略和利益目标上达成相互认同与匹配一致，实现战略协同（Haken and Mikhailov，2012）。由于不同的创新主体具有不同的利益目标，目标之间并不是完全互洽的，有可能存在相互冲突的情况，需要建立利益共赢的相容机制并实现风险和利益协同（Harland，Brenchley and Walker，2003）；通过信任、沟通和交流来实现愿景协同（Campbell and Yeung，1991）；在主体间知识转移、吸收、消化、共享、集成、利用、再创造（Koschatzky，2002）过程中，需要保护知识产权，重视显性和隐性知识（Nonaka，1994）的输入与输出，达到知识协同（Gold, Malhotra and Segars，2001）。系统是否具有自组织性，能够典型区别于合作、战略联盟等合作方式。协同创新强调构建协同关系和合作模式，如围绕特定科研目标与成果转化（Etzkowitz and Leydesdorff，2000；Etzkowitz，2008）的产学研协同创新、聚焦重大科技创新工程与国家创新能力建设的国家创新系统的高效协同等（Lundvall，1992），都是创新研究关注的重要议题。本质上，这些协同创新议题都强调了系统性思考，主张协同主体、协同场景、协同手段之间的协调匹配，也即应对有不同目标的科技创新活动，基于不同的组织、产业等场景，需要采取相适应的手段将创新主体有效联结在一起，实现资源的合理配置、价值的公平分配（洪银兴和安同良，2015）。由此，整合式创新中的协同可以从协同主体（synergetic agent）、协同场景（synergetic context）和协同手段（synergetic approach）三个维度解构。

协同创新具有两个特点。第一，强调科技创新的整体性，即创新生态系统是各要素的有机集合而非简单相加，其存在方式、目标和功能都表现出统一的整体性。第二，动态性，即创新生态系统是不断动态变化的。在科技经济全球化的环境下，以开放、合作、共享为特征的协同创新被实践证明是有效提高创新效率的重要途径。充分调动企业、大学和科研机构等各类创新主体的积极性，跨学科、跨部门、跨行业地组织实施深度合作和开放创新，对于加快不同领域、不同行业以及创新链各环节之间的技术融合与扩散尤为重要。

整合式创新是战略驱动、纵向整合、上下互动和动态发展的新范式。在开放式创新环境下，技术创新管理不再是单一技术要素的组合、管理和协同，身处开放式创新生态系统的企业、大学和科研机构以及个体，都需要以战略性、全局性和整体性的视野看待创新，实现战略、科技、人文与市场等的互搏互融，极大地调动全民的创新创业活力。

协同攻关、协同创新，首先是要更好发挥集中力量办大事的制度优势。新中国成立以来，我们成功地运用了举国体制，在"两弹一星"、航空航天等领域集中攻关，取得了举世瞩目的科技突破。近些年来中国高铁的发展成就，则为新型举国体制的有效性提供了最新的实践证明。我国高铁形成了世界上最丰富的产品谱系，综合技术指标达到世界先进水平，部分指标国际领先，创造多个世界纪录。中国高铁之所以能够获得成功，是因为在高铁的研发和试制生产过程中，整合了包括中科院、清华大学、北京大学在内的近30家国内一流科研院所与高校，与近50家骨干企业组成产学研用密切结合的自主创新联合体，形成了强大的协同创新势能，从而实现了多项高水平的技术创新。未来，在体现国家战略意图的重大科技项目中，要更好运用新型举国体制，通过各方协同、团结协作形成整体的创新势能。协同攻关、协同创新，还需要更好处理政府和市场的关系，激发市场主体的创新活力。企业对市场需求感知最灵敏，也是最具活力的创新单元，突破核心技术更需要激发企业创新的微观活力。当前，互联网创新发展与新工业革命形成历史性交汇，全球新一轮科技革命和产业变革将重新改写全球经济格局，我国的科技企业面临难得的发展机遇。正如阿里巴巴的云计算、百度的人工智能、大疆的无人机等所展示的，企业创新活力得到充分释放，就能在某个领域占据一席之地，甚至进入第一梯队。与此同时，在传统行业，中国企业的创新活力也在进一步激发，比如我国家电企业海尔和美的分别建立了高水平的科技创新开放平台，实现了家电产业的技术赶超。可以说，当越来越多的企业进入创新行列，就能有无数个分散的创新引擎，客观上形成协同创新的合力（陈劲，2019b）。

中国南车通过搭建创新平台，推进了集团内外部资源的协同。经过多年的创新资源积累和能力建设，中国南车搭建了协同仿真平台、试验验证体系以及技术标准化信息平台，三大体系之间实现了有效协同。此外，作为 CRH380A 自主创新的核心组织，中国南车自主实现了四大理论与十大核心技术的协同。中国国际海运集装箱（集团）股份有限公司（以下简称"中集集团"）作为一家为全球市场服务的多元化跨国产业集团，为了通过不断的组织和技术变革应对持续变化的外部环境，于 2010 年发布了《中集集团升级纲要（2010 版）》，全面启动战略驱动下的创新升级，横向整合各层面的子模块以及外部信息和合作资源，纵向集成金融、人力资源、文化和信息平台等对运营和技术创新的支持系统。在整合式创新战略理念的指导下，中集集团实现了对遍布全球的 300 多家成员企业和 100 多个国家的客户与销售网络的管理服务优化，全面提高了全球综合竞争力，巩固和强化了在物流装备和能源装备供应领域的世界领先地位。

4. 整合式创新中的"全面"

全面创新管理（total innovation management）是以技术创新为

中心，以组合创新、技术能力、创新能力为基本点，以提升持续性竞争力为导向，以价值创造为最终目标（许庆瑞、谢章澍和杨志蓉，2004），将创新过程中所需要的各种要素（技术、组织、市场、战略、管理、文化、制度等）通过有效的创新管理机制、方法和工具进行组合、协同，激发创新成果（许庆瑞、郑刚和陈劲，2006）。全面创新管理强调创新过程调动全要素与全员，并在全时空情境下展开。全要素创新（all elements innovation）是基于资源观和系统观的思想，统筹组织内部的技术资源、市场资源、组织管理资源、战略资源、文化资源等与创新过程和创新绩效有直接关系的资源要素（许庆瑞，2007）。全员创新（all employees innovation）是将创新活动的参与者从传统的研发人员、技术人员等扩展到组织全体人员的共同行为，进一步延伸至组织外部的广泛利益相关者（用户、供应商、渠道商、股东等）（许庆瑞、谢章澍和杨志蓉，2004）。全时空创新（all time-space innovation）包含全时创新和全空间创新，它要求企业去实施即兴创新、即时创新、24/7创新（每天24小时、每周7天创新），同时在全球化和网络化的背景下，充分整合企业内外部资源，在全价值链和全流程中，实现时时处处有创新（许庆瑞，2007）。

全面创新管理是重要的中国本土创新管理理论范式。全面即全要素、全员和全时空，其强调以培植组织核心能力、提高竞争力为导向，以价值增加为目标，通过创新全要素的整合，创新全员的参与以及创新全时空的推进，持续提高企业竞争力。进一步，延伸至产业及国家等研究层次，以重大科技创新工程为载体的创新活动依赖宏观层面更大系统中的创新要素整合、创新主体参与及创新时空配合，从而真正实现"以科技创新为核心的全面创新"的发展目标（中共中央文献研究室，2016）。基于此，整合式创新中的"全面"聚焦全要素创新、全员创新、全时空创新三个方面。

以中国南车为代表的国内高铁企业有效整合内外部资源，打造了基于核心能力的企业创新生态系统，实现了集团要素、人员和时空的全面创新。中国南车打造了以减震技术、降噪技术、轻量化技术、绝缘技术和水处理技术五大技术为基础的企业核心技术体系，并在核心技术体系之外进一步聚焦科技人才培养、仿真能力、试验能力、研发与技术以及核心业务创新产品开发，延伸业务开发（贺正楚，2019）。

14.3　整合式创新的三角管理思维

组织二元性（ambidexterity）是管理学理论中的一种重要的研究理论，邓肯（Duncan，1976）率先将二元性应用于组织运营管理过程。该理论认为企业在管理过程中面对诸多选择困境和两难局面（Lewis，2000），例如组织发展过程中的灵活性和稳定性（Duncan，1976）、组织间关系的强关联和弱关联（Ring and van de Ven，1994）、技术创新的渐进选择与颠覆选择（Christensen et al.，2018）、知识流动的开放选择与封闭选择（West et al.，2014）、企业发展目标的经济价值和社会价值（Jo and Harjoto，2011）等。二元逻辑给组织管理提供的启示是需要在动态环境中不断调整竞争手段、组织间关系、利益诉求等，以适应和平衡复杂的社会情境（周俊和薛求知，2009）。基于二元性，组织需要在两种截然不同的方式中追求在特定时间、特定空间、特定制度场域、特定技术状态之下的综合平衡，打破能力约束和创新陷阱（March，1996），达成组织在差异化情境之下、多样化主体之间、资源与结构固定之下的多目标和多条件兼容性和动态平衡（Gibson and Birkinshaw，2004）。

在二元逻辑的组织管理思维之下，整合式创新提出了"三角思维"的方式，突破了二元逻辑在选择之间的平衡与取舍，是将企业组织管理，尤其是创新管理决策设定为三个维度的决策考量，详细如图 14-3 所示。

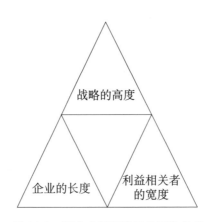

图 14-3　整合式创新的三角思维方式

具体内涵如下：

第一，企业的长度指的是企业能够得以延续和存续的时间，组织必须具备可持续的目标和动力，才能基业长青，因此企业的长度基于对其内在能力的充分关注，包括企业内外部资源、资源调动能力、学习能力、动态能力等。然而过度探索长度维度会带来短期利益最大化而忽视长期利益、企业活动的负外部效应。

第二，利益相关者的宽度是对其他主体福利的外向关怀，对社会责任、利益相关者之间的目标平衡、处理外部性问题等的重视。这在全球化和重大全球性挑战不断出现的社会情境下，具有重大的社会意义。无论个体、组织和国家，如果过度地关注长度而忽视了宽度，会导致个体或组织的孤立。每个个体和组织都牵涉在共同发展进程之中、处于相互联系的社会网络之内，关注利益相关者即是在关注自身发展。

第三，战略的高度是具有引领性和社会意义的目标，意义引领是战略高度最重要的特点。所谓的意义，是符号、历史与情境、复杂现象和模糊思维的统称，意义引领下的战略强调对战略意义的探寻、运用和表达，需要在特定语境之下、在特定历史与情境之中，通过解决复杂现象来形成相对明晰的逻辑思维和相对模糊的创新思维。在传统的战略研究中，关于意义的探讨往往与企业社会责任相关，将企业符合制度、惯例、文化、道德和通俗意义的行为看作企业在应对制度压力之下的反应，是被动的。而在战略的高度谈及意义，则是强调一种主动积极的创新视角和战略管理视角，将被动结果转变为企业获得竞争优势的重要前置条件。在更高层次的整合思维之下，不再是单纯考虑二元逻辑之间的选择和平衡，而是在二元悖论的解决过程中，以目标为导向，跳出二元维度的决策空间，以战略来决定二元性之间的平衡，并通过引入战略实施与实现来寻求二元措施处理的优先度和辅助度。

在三角思维的推广下，诸多组织边界之内的运营管理、技术管理、创新管理问题都可以借助三角思维方式得以抽象。三角思维方式在组织中的应用示例如图 14-4 所示。

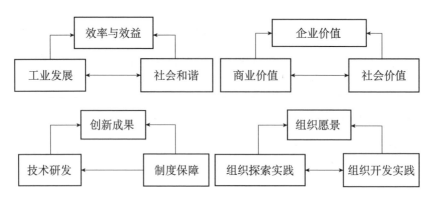

图 14-4　整合式创新三角思维方式的推广

第十五章
创新发展新方向：
负责任和有意义的创新

伟大的事业都基于创新。[①] 新时代的创新需要意义的引领，新时代的伟大企业需要有意义的创新战略。一方面，社会发展与人类进步的多样性、复杂性、迫切性需求在传统的经济管理与企业战略决策框架下无法得到有效回应；另一方面，在日益加剧的国际竞争与高速变化的环境冲击下，传统创新范式资源场域中的要素已不足以支撑不断追求卓越的企业创新战略，全新的资源协同视角与创新范式正在兴起（陈劲和曲冠楠，2018）。伴随着科学技术的颠覆式发展与经济文化的变革式演化，人类社会正面临从工业经济向知识经济时代的历史性转型，市场不确定性不断激增。黑天鹅事件的不断上演显示出决策者对未来环境的预判愈发困难，以往基于风险（risk）的决策框架不断受到不确

---

① 2019 年 2 月习近平在会见探月工程嫦娥四号任务参研参试人员代表时的讲话。

定性（uncertainty）的冲击。对于创新这种周期长、投入高且回报不确定的企业活动而言，高度不确定的环境将导致无法评估的风险。企业决策者不得不主动将其注意力转向关注更加长期与深层次的社会意义与人类发展大趋势（megatrend）上。当科学技术的发展依赖自身逻辑在现有路径上狂奔愈发失去约束的时候，企业需要的是以责任和意义为核心的哲学思考与人文思想的引领。

15.1 创新对社会需求的回应 [①]

创新是人类发展的永恒动力，是历久弥新的研究议题。尽管历史上的众多人类壮举都与创新有关，但创新正式在现代社会的经济领域中出现，要归功于著名政治经济学家熊彼特。作为创新领域的开创者与奠基人，熊彼特认为创新是生产要素的重新组合，也即生产函数的重构（Schumpeter，1939）。遵循这一思路，随后形成的经典创新范式分别关注技术、市场、用户等因素在企业创新活动中的作用，形成了诸如开放式创新、颠覆式创新、用户创新等不同的理论范式。然而，进入新千年以来，伴随着发达经济体从后工业经济向知识经济转型的社会浪潮，创新的过程与产出正以前所未有的速度溢出市场，进而向整个社会场域弥散。在这样的背景下，创新开始回归其更为本质的社会属性，有关创新回应社会需求的讨论开始

[①] 本小节内容结合了著者的以下研究成果：《有意义的创新：基于复杂系统视角的交互耦合框架》，刊登于《科学学研究》2020 年第 8 期；《有意义的创新：源起、内涵辨析与启示》，刊登于《科学学研究》2019 年第 11 期；《有意义的创新：引领新时代哲学与人文精神复兴的创新范式》，刊登于《技术经济》2018 年第 7 期；《创新意义资产：理论基础、战略价值与企业实践》，2020 年 12 月 14 日刊登于《科学学研究》（网络首发）。

兴起，作为其中颇具影响力的代表性范式是负责任的创新和有意义的创新。

负责任的创新（responsible innovation，RI）（Bowen，1953）强调创新活动对社会责任的回应。科学技术与研究在为人类社会带来发展与福利的同时也带来了冲突与张力，环境问题、可持续发展问题与科学伦理问题不断凸显，创新的社会责任受到了更多关注。与创新责任相关的研究最早见于 2011 年欧盟的"地平线 2020"计划。在此基础上，有学者提出负责任的创新的理论框架，指出创新活动与科学研究不可避免地嵌入在社会发展的网络之中，创新活动的主体应当与社会行动者一起承担更多的社会责任，依靠开放、透明与交互的科研与创新过程，实现兼顾道德规范、社会福利与可持续发展的创新产出（von Schomberg，2013；Stilgoe，Owen and Macnaghten，2013）。学者梅亮和陈劲（2015）将负责任的创新看作一个动态过程，多利益相关主体嵌入其中，以前瞻性视野与适应性科技治理制度引导创新产出向满足于社会伦理与社会需求的方向发展。负责任的创新强调应为创新活动安排社会化的责任规范，以保证其产出能够最大限度地服务社会。负责任的创新理论框架的核心逻辑是其归因机制，即将未来可能发生的不利结果与当下行为相联系，判断创新主体的创新活动是否需要负有相应责任，从而对其进行预防。为保证这一机制的建立，负责任的创新框架需要包含包容性（inclusive）、预测性（anticipating）、自反性（reflectivity）、应答性（responsiveness）等构成维度。

有意义的创新（meaningful innovation，MI）首次将创新意义纳入企业创新决策以及过程框架，强调企业应主动关注以社会需求与人类发展为核心的创新意义，创新过程是创新者运用设计语言对产品内部与外部意义的综合表达，是以创新意义统筹创新元素的重新组合，以创造经济价值、社会价值、战略价值与未来价值的创新范式。有意义的创新，是习近平构建人类命运共同体理念引领下经济管理理论与实践的重大转向，是科学哲学意义理论的现代演化在社会经济场域内的具体体现，是企业创新活动向人类发展与社会进步意义的收敛与回归。

在现有范式的主导下，创新活动与社会需求之间的联系缺乏内在驱动力，其面临的挑战主要有三：第一，缺乏资源分配的有效机制。市场在关注社会的创新活动中的定位不清，非市场场域的引入（如公共创新）使得以上范式无法完全融入经典的经济管理分析框架（Friedman，1962），看不见的手作为资源分配的有效手段或无法充分发挥作用。第二，缺乏行为激励的可靠结构。企业在关注社会的创新活动中的角色模糊，企业主体缺乏关注社会需求的主观意愿，以制度压力（institutional pressure）为基础的企业社会责任（CSR）路径无法为企业带来积极主动的创新行为。第三，社会需求与创新行为之间缺乏稳定的必然关系。一方面，传统意义上的企业创新关注的重点是市场需求而非社会需求；另一方面，对政府、公众、企业等多主体而言，满足社会需求的有效手段是多样的，创新既非唯一也不一定是最优路径。总体而言，上述关注社会需求的创新范式，本质上是强调创新活动在回应生产效率与市场需求的基础上，应当承担社会责任并解决社会问题。但是，现有范式对企业"为什么"关注社会需求，以及"如何"在回应社会需求的同时最大化企业利益、实现可持续发展等关键问题，都没有令人满意的回答。

15.2 从经济价值到社会价值的目标追求 ①

创新已经成为事关国家发展和国际竞争力的核心要素。然而，诸多重大的社会挑战使得创新也面临诸多问题：企业的创新策略过度关注市场需求，缺少对企业长期发展需求的回应，也较少去关注技术创新如何增进社会福利、促进人类社会发展；另外，科学技术创新在有些时候并不源于解决某一特定的社会问题，而是在自我技术逻辑的框架下进行自我完善，这样也暴露出了诸多环境、经济和伦理问题。在商业文明和科学技术高度发展、相互交织的现代社会，任何领域的发展与变革都会牵连和影响其他领域，也就是说，人类社会作为一个高度复杂的适应性系统，任何轻微的扰动都会打破系统固有的稳定状态，更何况是具有巨大社会外部性的科学技术成果，它们极有可能使得社会陷入混乱乃至不可预测的混沌状态之中。

目前，社会发展面临诸多挑战，例如全球气候变暖、世界可持续发展、社会普遍老龄化、生物技术的伦理问题、人工智能的伦理问题等。这些社会挑战看似与商业文明并无关系，但其实会与企业的实践，尤其是企业的创新活动产生广泛且紧密的关联：一方面，这些重大社会挑战会影响乃至重塑整个商业市场环境，从而在很大程度上决定了商业模式在市场中的成败；另一方面，这些社会重大挑战引发社会在制度、法律等方面的修正，从而引导原有的技术发展轨迹产生变轨。因此，企业的创新活动除了需要关注在市场上所

---

① 本小节内容结合了著者的以下研究成果：《责任式创新：源起、归因解析与理论框架》，刊发于《管理世界》2015 年第 8 期。

具备的经济价值，还需要将创新成果嵌入社会系统，分析创新成果具备的社会价值，使创新成果能够承担社会责任。

人类的创新能力远超创新能力本身，并产生对社会的持续影响。研究被看作人类知识的延伸，也是道德和公众利益的反映。科学解放背景下，科学家责任——制造可靠的知识——与他们社会范围更广泛的责任间存在冲突。好奇心驱使的研究能产生新知识，但这些知识只涉及可以做什么，其创造进步的同时可能产生的危害性结果被广泛忽视。关于波兰尼科学共同体自治的质疑下，科学家在创新的同时缺少对社会责任的自我审视，同时对自身创新实践缺乏一种预测未来结果的能力，由此引发科学与社会边界问题，以及科学对社会负责议题的关注与讨论，强调科学家需要在专业自治与公民职责间寻找平衡。20世纪下半叶，科学与创新在研究政策中的交互性更强，技术创新同时产生收益与危害，纳米技术、转基因、电动交通、干细胞研究、在线社会网络、生物技术、机器人、核能、军事与安全技术被界定为争议性技术创新，关于新知识新技术目的性和非目的性影响使创新的责任议题受到重视。

美国2003年颁布《21世纪纳米技术研究与发展法案》，最早提出负责任的发展概念，关注最大限度提高纳米技术推动社会进步的积极意义，同时降低技术创新的负面影响，以解决国家最紧迫的社会需求。而后关于负责任的创新的讨论兴起，并开展了十多年的研究与政策讨论。不同于负责任的发展关注技术与风险属性，负责任的创新关注更广泛的创新政策与科学治理问题，排除了对研究与创新未来结果的简单预测，强调未来固有的不确定性，并认为科技创新与治理模式不能再用传统的科学与研究方法应对。技术创新的同时，政策制定者与民众等其他主体需要了解创新的正向与负向知识，明确科学与技术的发展方向与未来目标、新兴科技领域的未来挑战，并对技术创新的未来意义、价值、收益等作出解释，从而推进负责任的科学治理模式，实现科技创新对社会需求与伦理价值的满足。

传统创新范式关注技术先进性与经济效应，创新行为与创新活动可能引发的社会危机、创新活动本身所产生的社会道德伦理与社会期望满足方面的冲突等问题亟待研究与实践引入新的创新管理范式。作为新兴的管理范式与管理理念，负责任的创新意味着对现有科学与创新的集体管理以探索创新的未来，以使创新更有效地满足社会需求与道德伦理约束。在传统创新范式关注新创意到商业化价值回报的过程逻辑下，技术的潜在危机、不确定性以及创新产生的社会危害等议题成为负责任的创新研究的关注点，其将技术创新的积极面同创新目标设定动机、创新结果的伦理危机与社会需求不匹配，以及创新轨迹的不确定性等因素相结合，从而创造一种范式转移，重构科技创新的角色与定位，提供道德的、可持续的、有成效的创新收益，实现技术创新与社会价值的深度融合，并使科学与技术开发、制度及政策更有社会效应。

15.3 从自主创新到有意义的创新的范式演进

陈劲和曲冠楠（2018）撰文《有意义的创新：引领新时代哲学与人文精神复兴的创新范式》，首次提出有意义的创新，以此希望引领哲学与人文精神在企业创新活动中的回归，强调创新管理应当主动关注社会需求、人的自我实现以及整个人类社会的良性可持续发展。

经历了40多年的改革开放，中国企业经历了从模仿、改进到自主创新的历史转型，领军企业实现了学习—追赶—竞争—超越的跨越式发展。然而发展所带来的经济与社会问题逐渐显现，盲目追加投资与追逐热点使得创新资源被大量浪费，整个社会的资源利用效率长期处于低位，资源消耗型的发展模式遭遇瓶颈，环境问题愈加凸显，社会需求难以满足。此外，东西方文化上的冲突使得单纯依赖西方思维的传统范式与依赖东方思维的中国范式之间存在融合困境。这些问题的出现，直接或间接地影响着我国企业的全球发展。

应当认识到，新时代我国企业的使命已经发生根本改变，从服务本地到服务全球，从回应需求到创造需求，从模仿跟随到行业领袖，从追求经济效益到服务社会发展，从基于本土文化到实现文化双融。在这一视角下，以往理论专注于技术创新的框架需要得到拓展。在有意义的创新框架下，创新资源的重组与协同应当内生地关注以社会意义、战略意义与未来意义为核心的创新意义，构建以东西方文化共性基础为内核的决策框架，协调企业中期与长期的创新规划，助力打造引领社会变革与人类发展的世界级伟大企业。

在全球化和反全球化趋势并存、全球本土化不断加深的当前发展语境下，企业获取持续的竞争优势面临前所未有的挑战。一方面，技术进步在不断提高生产效率的同时也在要素充分流动的情况下不断挤压企业的利润空间，传统的熊彼特范式下的创新无法获得长期超额收益，熊彼特租金会以更快的速度消散；另一方面，全球视角下的各国市场体制、治理结构和法律规范等存在显著差异，智力资产的跨国流动和专利保护不足大幅增加了企业保持持续竞争优势的难度，打击了企业探索智力资产的积极性。在这样的背景之下，作为一种高阶且动态的企业资源，"意义"成为能够使企业获得可持续发展的重要资源，同时也能够帮助企业摆脱短期利益的束缚，引导企业更加关注中长期收益与创新意义，追求引领社会进步和人类发展意义的伟大创新实践。

追求更多负责任和有意义的创新，将是大国创新的更重要的价值取向。

参考文献

［1］白春礼 . 中国科学院 70 年：国家战略科技力量建设与发展的思考 [J]. 中国科学院院刊, 2019 (10): 1089-1095.

［2］白长虹 . 管理学术研究 : 基于实践，引领实践 [J]. 南开管理评论，2017(6):1.

［3］贝尔纳 . 历史上的科学 : 科学萌芽期 [M]. 北京 : 科学出版社，2015.

［4］卞松保，柳卸林 . 国家实验室的模式、分类和比较——基于美国、德国和中国的创新发展实践研究 [J]. 管理学报，2011(4): 567-576.

［5］常建坤 . 中国传统文化与企业家创新精神 [J]. 经济管理，2006(18):77-81.

［6］陈春花，朱丽，刘超，等 . 协同管理国内外文献比较研究——基于科学计量学的可视化知识图谱 [J/OL]. 科技进步与对策，2018(21):73-79.

［7］陈春花，刘祯 . 水样组织 : 一个新的组织概念 [J]. 外国经济与管理，2017(7):3-14.

[8] 陈劲. 协同创新 [M]. 杭州：浙江大学出版社，2012.

[9] 陈劲，曲冠楠. 有意义的创新：引领新时代哲学与人文精神复兴的创新范式 [J]. 技术经济，2018(7):1-9.

[10] 陈劲，阳银娟. 协同创新的理论基础与内涵 [J]. 科学学研究，2012(2): 161-164.

[11] 陈劲，尹西明，李华. 中国企业崛起：经验、路径与瞻望. 瞭望中国，2018(11).

[12] 陈劲，尹西明，梅亮. 整合式创新：基于东方智慧的新兴创新范式 [J]. 技术经济，2017(12): 1-10，29.

[13] 陈劲，尹西明，赵闯. 高附加制造：超越追赶的中国制造创新战略 [J]. 技术经济，2018(8):1-10，19.

[14] 陈劲，尹西明. 范式跃迁视角下第四代管理学的兴起、特征与使命 [J]. 管理学报，2019(1): 1-8.

[15] 陈劲，张学文. 创新型国家建设：理论读本与实践发展 [M]. 北京：科学出版社，2010.

[16] 陈劲，吴贵生. 中国创新学派：30 年回顾与未来展望 [M]. 北京：清华大学出版社，2018.

[17] 陈劲，阳银娟，刘畅. 融通创新的理论内涵与实践探索 [J]. 创新科技，2020(2):1-9.

[18] 陈劲，朱子钦. 加强公共卫生科研攻关体系和能力建设 [N]. 光明日报，2020-04-20.

[19] 陈劲，朱子钦. 科技创新要坚持以人民为中心 [N]. 经济日报，2019-05-28.

［20］陈劲. 发挥新型举国体制优势 [N]. 人民日报，2019a-03-25.

［21］陈劲. 激发协同创新的强大势能 [N]. 人民日报，2019b-05-23.

［22］陈劲. 以全球视野推动科技创新 [N]. 人民日报，2018a-09-06.

［23］陈劲. 重视创新引领的核心技术突破 [J]. 清华管理评论，2019c(6):1.

［24］陈劲. 关于构建新型国家创新体系的思考 [J]. 中国科学院院刊，2018b(5):479-483.

［25］陈劲. 管理学 [M]. 2 版. 北京：中国人民大学出版社，2017.

［26］陈凯华，于凯本. 加快构建以国家实验室为核心的国家科研体系 [N]. 光明日报，2017-12-07.

［27］陈套. 推动科研范式升级 强化国家战略科技力量 [N]. 科技日报，2020-08-21.

［28］陈引驰. 类型与时代：中西文化之别——"多元现代性"视野下的回顾 [J]. 史林，2005(2):8-15，123.

［29］成良斌. 论文化传统对我国技术创新政策的影响 [J]. 科技管理研究，2007(9):34-36.

［30］邓旭霞，欧庭高. 中国传统文化对科技创新文化的影响 [J]. 科技情报开发与经济，2007(20):169-170.

［31］杜永. 中国创新能力与中国传统文化的思考 [J]. 科技信息（科学教研），2007(31):7，111.

［32］樊春良. 建立全球领先的科学技术创新体系——美国成为世界科技强国之路 [J]. 中国科学院院刊，2018(5):509-519.

［33］方在庆. 持续不间断地推进科研体制创新——德国成为世界科

技强国之路 [J]. 中国科学院院刊，2018(5):502-508.

［34］冯之俊. 技术创新与文化传统 [J]. 科学学与科学技术管理，
2000(1):10-13.

［35］葛荣晋. 中国管理哲学导论 [M]. 2 版. 北京：中国人民大学出
版社，2013.

［36］郭韧，程小刚，李朝明. 企业协同创新知识产权合作的动力学
研究 [J]. 科研管理，2018(11):107-115.

［37］国家创新驱动发展战略纲要. 北京：人民出版社，2016.

［38］国家统计局. 2018 年国民经济和社会发展统计公报 [R].
（2019-02-28）. http://www. stats. gov. cn/tjsj/zxfb/201902/
t20190228_1651265. html.

［39］韩彦丽. 国家实验室的建设和未来发展的思考——依托北京分
子科学国家实验室的启示 [J]. 科研管理，2016 (S1) :668 -672.

［40］何郁冰. 产学研协同创新的理论模式 [J]. 科学学研究，
2012(2):165-174.

［41］贺正楚. 企业国际化横向合并与技术差距——以轨道交通装备
制造企业为例 [J]. 湖北社会科学，2019(8):91-96.

［42］洪银兴，安同良. 产学研协同创新研究 [M]. 北京：人民出版
社，2015.

［43］洪治纲. 梁启超经典文存. 上海：上海大学出版社，2003.

［44］胡国栋，李苗. 张瑞敏的水式管理哲学及其理论体系 [J]. 外国
经济与管理，2019(3):25-37，69.

［45］胡雯，陈强. 产学研协同创新生命周期识别研究 [J]. 科研管理，

2018(7):69-77.

［46］胡志坚. 国家创新系统：理论分析与国际比较 [M]. 北京：社会科学文献出版社，2000.

［47］胡智慧，王建芳，张秋菊，等. 世界主要国立科研机构管理模式研究. 北京：科学出版社，2016.

［48］胡智慧，王溯."科技立国"战略与"诺贝尔奖计划"——日本建设世界科技强国之路 [J]. 中国科学院院刊，2018(5):520-526.

［49］季冬晓. 实行"揭榜挂帅"等制度 [N]. 光明日报，2020-11-17.

［50］贾宝余，王建芳，王君婷. 强化国家战略科技力量建设的思考 [J]. 中国科学院院刊，2018(6):544-552.

［51］科技部，财政部. 关于加强国家重点实验室建设发展的若干意见 [EB/OL].（2018-06-27）. http://www.gov.cn/xinwen/2018-06/27/content_5301344.htm.

［52］寇明婷，邵含清，杨媛棋. 国家实验室经费配置与管理机制研究——美国的经验与启示 [J]. 科研管理，2020 (6):280-288.

［53］雷宏振，韩娜娜. 中国传统文化特征及其对企业创新影响 [J]. 华东经济管理，2005(7):47-49.

［54］黎红雷. 儒家商道智慧 [M]. 北京：人民出版社，2017.

［55］李劲. 德鲁克谈管理 [M]. 深圳：海天出版社，2011.

［56］李晓元. 中国传统文化创新思想的历史建制及其现代性 [J]. 江淮论坛，2007(6):127-130，159.

［57］李艳红，赵万里. 发达国家的国家实验室在创新体系中的地位

和作用 [J]. 科技管理研究，2009(5): 21-23.

[58] 李贞贞，罗玉云. 论中国传统文化心理对科技创新思维的制约 [J]. 攀枝花学院学报，2010(5):55-59.

[59] 李志遂，刘志成. 推动综合性国家科学中心建设 增强国家战略科技力量 [J]. 宏观经济管理，2020(4):51-57，63.

[60] 连瑞瑞. 综合性国家科学中心管理运行机制与政策保障研究 [D]. 合肥：中国科学技术大学，2019.

[61] 梁启超. 中国人的启蒙 [M]. 北京：中国工人出版社，2016.

[62] 梁漱溟. 东西文化及其哲学 [M]. 北京：中华书局，2018.

[63] 梁正，李代天. 科技创新政策与中国产业发展 40 年——基于演化创新系统分析框架的若干典型产业研究 [J]. 科学学与科学技术管理，2018(9):21-35.

[64] 林学俊. 从科学中心转移看科研组织形式的演变 [J]. 科学技术与辩证法，1998 (4): 53-56.

[65] 刘文富. 国家实验室国际运作模式比较 [J]. 科学发展，2018(2): 26-35.

[66] 刘娅. 英国国家战略科技力量建设研究 [J]. 中国科技资源导刊，2019(4):42-49.

[67] 刘云，陶斯宇. 基础科学优势为创新发展注入新动力——英国成为世界科技强国之路 [J]. 中国科学院院刊，2018(5):484-492.

[68] 刘则渊. 贝尔纳论世界科学中心转移与大国博弈中的中国 [J]. 科技中国，2017(1):18-24.

[69] 柳卸林，高雨辰，丁雪辰. 寻找创新驱动发展的新理论

思维 —— 基于新熊彼特增长理论的思考 [J]. 管理世界，2017(12):8-19.

[70] 龙云安，胡能贵，陈国庆，等. 培育我国国家战略科技力量建制化新优势研究 [J]. 科学管理研究，2017(2):18-21.

[71] 楼宇烈. 中国的品格 [M]. 成都：四川人民出版社，2015.

[72] 吕文晶，陈劲，刘进. 工业互联网的智能制造模式与企业平台建设 —— 基于海尔集团的案例研究 [J]. 中国软科学，2019(7):1-13.

[73] 梅亮，陈劲. 责任式创新：源起、归因解析与理论框架 [J]. 管理世界，2015(8):39-57.

[74] 苗东升. 系统科学大学讲稿 [M]. 北京：中国人民大学出版社，2007.

[75] 穆荣平. 强化创新第一动力 增添持续发展动能 [J]. 人民论坛，2017(S2):106-107.

[76] 宁高宁. 弘扬企业家精神 以新担当新作为引领中央企业创新发展 [EB/OL]. 国资报告，2018(10):62-63.

[77] 綦好东，郭骏超，朱炜. 国有企业混合所有制改革：动力、阻力与实现路径 [J]. 管理世界，2017(10):8-19.

[78] 人民日报评论部. 习近平用典 [M]. 北京：人民日报出版社，2015.

[79] 人民日报社国际部. 人民日报国际评论选编 2014[M]. 北京：人民日报出版社，2015.

[80] 人民日报社理论部. 人民日报理论著述年编 2015[M]. 北京：人民日报出版社，2016.

［81］任波，侯鲁川 . 世界一流科研机构的特点与发展研究——美国国家实验室的发展模式 [J]. 科技管理研究，2008 (11): 61-63.

［82］任浩，颜世富 . 苏东水学术思想述要 [J]. 复旦学报（社会科学版），1999(3):137-140.

［83］施亚西，田建业 . 杜亚泉重要思想概览 [M]. 上海：上海社会科学院出版社，2016.

［84］史亚娟，庄文静，谢丹丹，等 . 方太君子剑 儒家能否赢得企业竞争 ?[J]. 中外管理，2017(8):38-40.

［85］司逸凡，魏丹 . 中国传统文化创意产品开发策略与模式研究——由"故宫文创"到"达州巴文化开发"[J]. 中国民族博览，2017(9):69-71.

［86］宋正海，孙关龙 . 中国传统文化与现代科学技术 [M]. 杭州：浙江教育出版社，1999.

［87］苏楠，吴贵生 . 用户主导创新理论探源 [J]. 技术经济，2016(5):1-5，68.

［88］谭力文，丁靖坤 . 21 世纪以来战略管理理论的前沿与演进——基于 SMJ（2001—2012）文献的科学计量分析 [J]. 南开管理评论，2014，17(2):84-94.

［89］汤浅光朝 . 解说科学文化史年表 [M]. 北京：科学普及出版社，1984.

［90］汤晓蒙 . 中国文化传统对培养创新型人才的负面影响 [J]. 华北电力大学学报 (社会科学版)，2009(1):119-122.

［91］王前 . 中国传统文化的创新功能 [J]. 东北大学学报 (社会科学

版），2000(4):260-263.

［92］王晓飞，郑晓齐.美国研究型大学国家实验室经费来源及构成 [J]. 中国高教研究，2012(12) :56-59.

［93］王渝生.传统文化与中国科技发展 [J]. 科技导报，2012(36):15-18.

［94］王云，石元伍.传统文化与文创设计研究 [J]. 安徽文学 (下半月)，2018(10):126-127.

［95］中国科技部长：加大对冷门、基础和交叉学科长期稳定支持 [EB/OL].（2020-10-21）. https://www.chinanews.com/gn/2020/10-21/9318858.shtml.

［96］科技部党组传达学习党的十九届五中全会精神 [EB/OL].（2020-11-04）. http://www.most.gov.cn/kjbgz/202011/t20201104_159554.htm.

［97］吴国盛.博物学：传统中国的科学 [J]. 学术月刊，2016(4):11-19.

［98］吴海江.正视中国传统文化对科学创新的负面作用 [J]. 科学学与科学技术管理，2004(10):31-35.

［99］吴延兵.国有企业双重效率损失研究 [J]. 经济研究，2012(3):15-27.

［100］吴以桥.论中国传统文化对我国技术创新的消极影响 [J]. 南京师大学报 (社会科学版)，2009(2)：32-37.

［101］武力.发挥新型举国体制优势 强化国家战略科技力量 [N]. 中国纪检监察报，2020-12-24.

［102］习近平.开放共创繁荣 创新引领未来：在博鳌亚洲论坛2018年年会开幕式上的主旨演讲.北京：人民出版社，2018.

［103］习近平.决胜全面建成小康社会 夺取新时代中国特色社会主义伟大胜利——在中国共产党第十九次全国代表大会上的报告.北京：人民出版社，2017.

［104］习近平.为建设世界科技强国而奋斗——在全国科技创新大会、两院院士大会、中国科协第九次全国代表大会上的讲话[J].科协论坛，2016(6):4-9.

［105］习近平.在中国科学院第十九次院士大会、中国工程院第十四次院士大会上的讲话.北京：人民出版社，2018.

［106］邢琳.中国传统文化的创新特征与现代转换[J].许昌学院学报，2008(4):14-17.

［107］邢小强，周平录，张竹，等.数字技术、BOP商业模式创新与包容性市场构建[J].管理世界，2019(12):116-136.

［108］徐冠华.中国科技发展的回顾和几点建议[J].中国科学院院刊，2019(10):1096-1103.

［109］徐婕，黄辰，刘馨阳，等.如何看待我国创新能力的国际排名——基于"全球创新指数"的评价标准与分析[J].中国科学基金，2017(6):613-619.

［110］许庆瑞，谢章澍，杨志蓉.全面创新管理(TIM):以战略为主导的创新管理新范式[J].研究与发展管理，2004(6):1-8.

［111］许庆瑞，郑刚，陈劲.全面创新管理:创新管理新范式初探——理论溯源与框架[J].管理学报，2006(2):135-142.

［112］许庆瑞 . 全面创新管理——理论与实践 [M]. 北京：科学出版社，2007.

［113］杨俊 . 新时代创新研究的新方向 [J]. 南开管理评论，2018(1):4-5.

［114］叶茂，江洪，郭文娟，等 . 综合性国家科学中心建设的经验与启示——以上海张江、合肥为例 [J]. 科学管理研究，2018(4): 9-12.

［115］叶伟巍，梅亮，李文，等 . 协同创新的动态机制与激励政策——基于复杂系统理论视角 [J]. 管理世界，2014(6):79-91.

［116］于冰，时勘 . 基于目标管理的国家实验室评价体系研究 [J]. 科技管理研究，2012(4): 33-36.

［117］张岱年 . 中国古代辩证法思想发微 [J]. 学术月刊，1980(6):16-26.

［118］张广才 . 略论中国传统文化对人们创新精神的负面影响 [J]. 高等农业教育，2010(8):24-26，82.

［119］张玲玲，王蝶，张利斌 . 跨学科性与团队合作对大科学装置科学效益的影响研究 [J]. 管理世界，2019(12): 199-212.

［120］张瑞敏 . 海尔是海 [M]. 青岛：青岛出版社，2005.

［121］张绍丽，于金龙 . 产学研协同创新的文化协同过程及策略研究 [J]. 科学学研究，2016(4):624-629.

［122］张维为 . 中国震撼：一个"文明型国家"的崛起 [M]. 上海：上海人民出版社，2011.

［123］张维真 . 试论辩证思维与创新 [J]. 天津行政学院学报，2011(4):10-14.

［124］张小宁，赵剑波.新工业革命背景下的平台战略与创新——海尔平台战略案例研究 [J]. 科学学与科学技术管理，2015(3):77-86.

［125］张耀方.综合性国家科学中心的内涵、功能与管理机制 [J]. 中国科技论坛，2017(6): 5-12.

［126］赵红州.大科学年表 [M].长沙：湖南教育出版社，1992.

［127］赵红州.科学能力学引论 [M].北京：科学出版社，1984.

［128］赵剑波.管理意象引领战略变革：海尔"人单合一"双赢模式案例研究 [J]. 南京大学学报 (哲学 . 人文科学 . 社会科学)，2014(4):78-86，158-159.

［129］赵黎明，冷晓明.城市创新系统 [M].天津：天津大学出版社，2002.

［130］郑柏卉.新媒体与传统文化融合助推文创产业发展——以故宫文化创意馆创新营销策略为例 [J].科技传播，2018(19):169-171，188.

［131］郑永年.契合中国文化的制度安排 [J].理论导报，2016(5):28-29.

［132］中共中央文献研究室.习近平关于科技创新论述摘编 [M].北京：中央文献出版社，2016.

［133］中共中央文献研究室.十八大以来重要文献选编 (上)[M].北京：中央文献出版社，2014.

［134］中国科学技术发展战略研究院.国家创新指数报告 (2016—2017) [R].北京：科学技术文献出版社，2017.

［135］中国科学院.2017 科学发展报告 [R]. 北京：科学出版社，2017.

［136］中国科学院.科技强国建设之路：中国与世界.北京：科学出版社，2018.

［137］中华人民共和国科学技术部.国际科学技术发展报告（2017）[R].北京：科学技术文献出版社，2017.

［138］中华人民共和国外交部政策规划司.中国外交（2016 年版）[M].北京：世界知识出版社，2016.

［139］种坤霞，王新哲.继承传统文化 促进管理创新 [J].经济论坛，2004(18):49-50.

［140］周岱，刘红玉，叶彩凤，等.美国国家实验室的管理体制和运行机制剖析 [J].科研管理，2007(6):108-114.

［141］周华东，李哲.国家实验室的建设运营及治理模式 [J].科技中国，2018(8):20-22.

［142］周济.走向新一代智能制造 [N].中国科学报，2018-02-12.

［143］周家洪.简析传统文化对创新的影响 [J].沙洋师范高等专科学校学报，2002(3):22-25.

［144］周俊，薛求知.双元型组织构建研究前沿探析 [J].外国经济与管理，2009(1):50-57.

［145］周忠和.好奇心、传统文化与创新 [J].中国科学基金，2015(3):161-162.

［146］朱华桂，肖玮.论传统文化传承与科技文化创新 [J].学术界，2014(7):167-174，312.

［147］朱堂锦. 从传统文化看创新人才的基本人文素质 [J]. 曲靖师范
学院学报，2002(2):104-108.

［148］庄越，叶一军. 我国国家重点实验室与美国国家实验室建设
及管理的比较研究 [J]. 科学学与科学技术管理，2003(12): 21-
24.

［149］2018 年我国研发经费支出近 2 万亿元：主要科技创新指标
稳步提升 [EB/OL].（2019-03-05）. http://www.gov.cn/xinwen/
2019-03/05/content_5370819.htm.

［150］Aghion P, Howitt P. A model of growth through creative
destruction[R]. National Bureau of Economic Research, 1990.

［151］Arrow K J. The economic implications of learning by doing[J].
The Review of Economic Studies, 1962, 29(3): 155-173.

［152］Bacon E, Williams M D, Davies G H. Recipes for success:
conditions for knowledge transfer across open innovation
ecosystems[J]. International Journal of Information Management,
2019, 49: 377-387.

［153］Baldwin C, von Hippel E. Modeling a paradigm shift: from
producer innovation to user and open collaborative innovation[J].
Organization Science, 2011, 22(6): 1399-1417.

［154］Barney J. Firm resources and sustained competitive advantage[J].
Journal of Management, 1991, 17(1):99-120.

［155］Benkler Y. The wealth of networks : how social production
transforms markets and freedom[M]. Yale University Press, 2006.

［156］Berman S J. Digital transformation: opportunities to create new business models[J]. Strategy & Leadership, 2012,40(2):16-24.

［157］Bogers M, Afuah A, Bastian B. Users as innovators: a review, critique, and future research directions[J]. Journal of Management, 2010, 36(4): 857-875.

［158］Bogers M, Granstrand O, Holgersson M. The dynamics of multi-layered openness in innovation systems: the role of distributed knowledge and intellectual property[C]. R&D Management Conference, Grenoble, 2012-05-23.

［159］Bowen H R. Social responsibility of the businessman[M]. Harper, 1953.

［160］Bozeman B, Boardman C. The NSF engineering research centers and the university-industry research revolution: a brief history featuring an interview with Erich Bloch [J]. Journal of Technology Transfer, 2004, 29(3/4): 365-375.

［161］Bozeman B, Crow M .The environments of US R&D laboratories: political and market influences [J]. Policy Sciences, 1990, 23(1): 25-56.

［162］Campbell A, Yeung S. Brief case: mission, vision and strategic intent[J]. Long Range Planning, 1991, 24(4): 145-147.

［163］Chatterji A K, Fabrizio K. How do product users influence corporate invention?[J]. Organization Science, 2012, 23(4): 971-987.

[164] Chatterji A K, Fabrizio K, Mitchell W, et al. Physician-industry cooperation in the medical device industry[J]. Health Affairs, 2008, 27(6): 1532-1543.

[165] Chen J, Yin X, Mei L. Holistic innovation: an emerging innovation paradigm[J]. International Journal of Innovation Studies, 2018(1): 1-13.

[166] Christensen C M, McDonald R, Altman E J, et al. Disruptive innovation: an intellectual history and directions for future research[J]. Journal of Management Studies, 2018, 55(7): 1043-1078.

[167] Clark K B. Project scope and project performance: the effect of parts strategy and supplier involvement on product development[J]. Management Science, 1989, 35(10):1247-1263.

[168] Cockburn I M, Henderson R, Stern S. The impact of artificial intelligence on innovation[R]. National Bureau of Economic Research, 2018.

[169] Cooper R. Supply chain development for the lean enterprise: interorganizational cost management[M]. Routledge, 2017.

[170] Crow M, Bozeman B. Limited by design: R&D laboratories in the U.S. national innovation system[M]. New York: Columbia University Press, 1998.

[171] Cusumano M A, Nobeoka K, Kentaro N. Thinking beyond lean: how multi-project management is transforming product

development at Toyota and other companies[M]. Simon and Schuster, 1998.

[172] Dahlander L, Magnusson M G. Relationships between open source software companies and communities: observations from nordic firms[J]. Research Policy, 2005, 34(4): 481-493.

[173] Downes L, Nunes P. Big bang disruption[J]. Harvard Business Review, 2013:44-56.

[174] Duncan R B. The ambidextrous organization: designing dual structures for innovation[J]. The Management of Organization, 1976, 1(1): 167-188.

[175] U K Eight great technologies. (2016-01-03). http://www.doc88.com/p-3807634808002.html.

[176] Etzkowitz H, Leydesdorff L. The dynamics of innovation: from national systems and "Mode 2" to a triple helix of university–industry–government relations[J]. Research Policy, 2000, 29(2): 109-123.

[177] Etzkowitz H. The triple helix: university-industry-government innovation in action[M]. Routledge, 2008.

[178] Fischer M M, Fröhlich J. Knowledge, complexity and innovation systems[M]. Springer-Verlag Berlin Heidelberg, 2001.

[179] Fontana R, Geuna A, Matt M. Factors affecting university–industry R&D projects: the importance of searching, screening and signalling[J]. Research Policy, 2006, 35(2):309-323.

［180］Franke N, Shah S. How communities support innovative activities: an exploration of assistance and sharing among end-users[J]. Research Policy, 2003, 32(1): 157-178.

［181］Frey B S, Gallus J. Honours versus money: the economics of awards[M]. Oxford: Oxford University Press, 2017.

［182］Friedman M. Capitalism and freedom[M]. University of Chicago Press, 1962.

［183］Gibson C B , Birkinshaw J . The antecedents, consequences, and mediating role of organizational ambidexterity[J]. Academy of Management Journal, 2004, 47(2): 209-226.

［184］Gold A H, Malhotra A, Segars a H. Knowledge management: an organizational capabilities perspective[J]. Journal of Management Information Systems, 2001, 18(1): 185-214.

［185］Granovetter M S. Getting a job: a study of contacts and careers[M]. Cambridge, Mass: Harvard University Press, 1974.

［186］Haken H. Synergetics: cooperative phenomena in multi-component systems[M]. Vieweg+Teubner Verlag, 1973.

［187］Haken H, Mikhailov A. Interdisciplinary approaches to nonlinear complex systems[M]. Springer-Verlag, 2012.

［188］Hambrick D C, Mason P A. Upper echelons: the organization as a reflection of its top managers[J]. Academy of Management Review, 1984, 9(2): 193-206.

［189］Hambrick D C. High profit strategies in mature capital goods industries: a contingency approach[J]. Academy of Management Journal, 1983, 26(4): 687-707.

[190] Harhoff D, Henkel J, von Hippel E. Profiting from voluntary information spillovers: how users benefit by freely revealing their innovations[J]. Research Policy, 2003, 32(10): 1753-1769.

[191] Harhoff D, Lakhani K R. Revolutionizing innovation: users, communities, and open innovation[M]. MIT Press, 2016.

[192] Harland C, Brenchley R, Walker H. Risk in supply networks[J]. Journal of Purchasing and Supply Management, 2003, 9(2): 51-62.

[193] Helfat C E. Evolutionary trajectories in petroleum firm R&D[J]. Management Science, 1994, 40(12): 1720-1747.

[194] Henriette E, Feki M, Boughzala I. The shape of digital transformation: a systematic literature review[J/OL]. https://aisel. aisnet. org/cgi/ viewcontent.cgi?article=1027&context=mcis2015.

[195] Hienerth C, von Hippel E, Jensen M B. User community vs. producer innovation development efficiency: a first empirical study[J]. Research Policy, 2014, 43(1): 190-201.

[196] Hienerth C, von Hippel E, Jensen M B. Innovation as consumption: analysis of consumers' innovation efficiency[R]. MIT Sloan School of Management, 2011.

[197] Jaffe A B, Lerner J. Reinventing public R&D: patent policy and the commercialization of national laboratory technologies [J]. RAND Journal of Economics, 2001,32(1): 167-198.

［198］Jensen R A, Thursby J G, Thursby M C. Disclosure and licensing of university inventions[J]. International Journal of Industrial Organization, 2003, 21(9):1271-1300.

［199］Jo H, Harjoto M A. Corporate governance and firm value: the impact of corporate social responsibility[J]. Journal of Business Ethics, 2011, 103(3): 351-383.

［200］Kim J. The platform business model and business ecosystem: quality management and revenue structures[J]. European Planning Studies, 2016, 24(12): 2113-2132.

［201］Koschatzky K. Networking and knowledge transfer between research and industry in transition countries: empirical evidence from the Slovenian innovation system[J]. Journal of Technology Transfer, 2002, 27(1):27-38.

［202］Lerner J, Tirole J. Some simple economics of open source[J]. Journal of Industrial Economics, 2003, 50(2): 197-234.

［203］Lettl C, Herstatt C, Gemuenden H G. Users' contributions to radical innovation: evidence from four cases in the field of medical equipment technology[J]. R & D Management, 2006, 36(3): 251-272.

［204］Levy S. Hackers: heroes of the computer revolution. O'Reilly Media, 2010.

［205］Lewis M W. Exploring paradox:toward a more comprehensive guide[J]. Academy of Management Review,2000,25(4):760-776.

［206］Lifshitz-Assaf H. Dismantling knowledge boundaries at NASA: the critical role of professional identity in open innovation[J]. Administrative Science Quarterly, 2018, 63(4), 746–782.

［207］Lin N. Social capital: a theory of social structure and action[M]. Cambridge University Press, 2002.

［208］Lundvall B A, Johnson B, Andersen E S, et al. National systems of production, innovation and competence building[J]. Research Policy, 2002, 31(2): 213-231.

［209］Lundvall B A. National systems of innovation: towards a theory of innovation and interactive learning[M]. London: Pinter, 1992.

［210］Lüthje C, Herstatt C, von Hippel E. User-innovators and "local" information: the case of mountain biking[J]. Research Policy, 2005, 34(6): 951-965.

［211］Lüthje C, Hüner A, Stockstrom C. Knowledge base and technological impact of user innovations: empirical evidence from the medical device industry[C]. 17th International Product Development Conference, 08. - 10.08.2010, Murcia, Spain.

［212］March J G. Continuity and change in theories of organizational action[J]. Administrative Science Quarterly, 1996, 41(2): 278-287.

［213］March J G, Simon H A. Organizations[M]. New York: Wiley, 1958.

［214］Martin B R. Twenty challenges for innovation studies[J]. Science and Public Policy, 2016, 43(3): 432-450.

［215］Matt C, Hess T, Benlian A. Digital transformation strategies[J]. Business & Information Systems Engineering, 2015, 57(5): 339-343.

［216］Mazzucato M. The entrepreneurial state: debunking public vs. private sector myths[M]. Anthem Press, 2013.

［217］Meyer P B. Open Technology and the early airplane industry[C]. Economic History Association 2012 Annual Meeting, Vancouver, Canada, 2012.

［218］Miles R E, Snow C C, Meyer A D, et al. Organizational strategy, structure, and process[J]. Academy of Management Review, 1978, 3(3): 546-562.

［219］Muzzi C, Albertini S. Communities and managerial competencies supporting SMEs innovation networking: a longitudinal case study[J]. R&D Management, 2015, 45(2): 196-211.

［220］Myers S, Marquis D G. Successful industrial innovations: a study of factors underlying innovation in selected firms[M]. District of Columbia: National Science Foundation, 1969.

［221］Najafi-Tavani S, Najafi-Tavani Z, Naudé P, et al. How collaborative innovation networks affect new product performance: product innovation capability, process innovation capability, and absorptive capacity[J]. Industrial Marketing Management, 2018, 73: 193-205.

［222］Nelson R R, Winter S G. An evolutionary theory of economic change[M]. Cambridge, Mass: Belknap Press of Harvard

University Press, 1982.

[223] Nelson R R. National innovation systems: a comparative analysis[M]. Oxford University Press, 1993.

[224] Nonaka I. A dynamic theory of organizational knowledge[J]. Organization Science, 1994, 5(1):14-37.

[225] Normann R, Ramirez R. From value chain to value constellation: designing interactive strategy[J]. Harvard Business Review, 1993, 71(4): 65-77.

[226] Paunov C, Planes-Satorra S. How are digital technologies changing innovation?: evidence from agriculture, the automotive industry and retail[J]. OECD Science, Technology and Industry Policy Papers,2019(74):1-53.

[227] Phelps C C, Heidl R, Wadhwa A. Knowledge, networks, and knowledge networks: a review and research agenda[J]. Journal of Management, 2012, 38(4): 1115-1166.

[228] Porter M E. Industry structure and competitive strategy: keys to profitability[J]. Financial Analysts Journal, 1980, 36(4): 30-41.

[229] Ridings C M, Gefen D, Arinze B. Some antecedents and effects of trust in virtual communities[J]. Journal of Strategic Information Systems, 2002, 11(3-4): 271-295.

[230] Riggs W, von Hippel E. Incentives to innovate and the sources of innovation: the case of scientific instruments[J]. Research Policy, 1994, 23(4): 459-469.

［231］Ring P S, van de Ven A H. Developmental processes of cooperative inter-organizational relationships[J]. Academy of Management Review, 1994, 19(1): 90-118.

［232］Romer P M. Increasing returns and long-run growth[J]. Journal of Political Economy, 1986, 94(5): 1002-1037.

［233］Rosenkopf L, Nerkar A. Beyond local search: boundary - spanning, exploration, and impact in the optical disk industry[J]. Strategic Management Journal, 2001, 22(4): 287-306.

［234］Ross J W, Beath C M, Sebastian I M. How to develop a great digital strategy[J]. MIT Sloan Management Review, 2017, 58(2): 7-9.

［235］Russell B. The philosophy of logical atomism[M]. Routledge, 2009.

［236］Schot J, Steinmueller W E. Three frames for innovation policy: R&D, systems of innovation and transformative change[J]. Research Policy, 2018, 47(9): 1554-1567.

［237］Schumpeter J A, Backhaus U. The theory of economic development[M]. Routledge, 2017.

［238］Schumpeter J A. Business cycles[M]. McGraw-Hill Book Company, 1939.

［239］Shah S K, Tripsas M. The accidental entrepreneur: The emergent and collective process of user entrepreneurship[J]. Strategic Entrepreneurship Journal, 2007, 1(1-2): 123-140.

212-239.

[256] von Hippel E. The sources of innovation[M]. Oxford University Press, 1988.

[257] von Hippel E. Free innovation[M]. MIT Press, 2016.

[258] von Schomberg R. A vision of responsible research and innovation[M]. John Wiley & Sons, Ltd., 2013.

[259] Weiming T. Implications of the rise of "Confucian" East Asia[J]. Daedalus, 2000, 129(1): 195-218.

[260] Wernerfelt B. A resource-based view of the firm[J]. Strategic Management Journal, 1984, 5(2):171-180.

[261] West J, Salter A, Vanhaverbeke W, et al. Open innovation: the next decade[J]. Research Policy, 2014, 43(5): 805-811.

[262] Westerman G, Bonnet D, McAfee A.The nine elements of digital transformation[J]. MIT Sloan Management Review,2014,55(3):1-6.

[263] Wittgenstein L. Some remarks on logical form[J]. Proceedings of the Aristotelian Society, Supplementary Volumes, 1929,9: 162-171.

[264] Xin K R, Pearce J L. Guanxi: connections as substitutes for formal institutional support[J]. Academy of Management Journal, 1996, 39(6): 1641-1658.